中国历代帝王世系年表

杜建民 编著

齊魯書社

凡　例

一、《中国历代帝王世系年表》一书，以传统的表格形式介绍中国历代帝王的基本情况，包括各个朝代每位帝王的姓名、世系、庙号、谥号、年号、生卒年、享年、在位时间、即位年龄、传承方式等等。它是学习和研究中国历史，阅读中国古代史籍的一本基本工具书。

二、本书内容的时间上限是传说中的五帝时期，下限是清王朝的灭亡。各表均按朝代的先后顺序排列，大体是一朝一表。

三、中国历史，自西周共和元年（公元前841年）起，始有确凿的年代记载，前此之纪年，皆系后人推算，诸说不一，难以凭依。故本书对夏、商两代，仅列传承简表，辅以文字说明。因自西周共和元年，已有确切纪年，故西周（共和元年后）、春秋、战国皆列周王、诸侯世系、纪年表。自汉朝起，各代帝王不仅皆立庙号、谥号，且皆有年号之设，故本书对汉朝以后各朝各代皆列世系详表。辅助性的文字说明则力求简约。

四、帝王的生卒年代、在位时间（包括起始年代、终止年代）以及年号的使用时间（起始年、终止年），本书各表均采用公元纪年与干支纪年对照之法。“公元前”三字，以“BC”标示；凡年代前面不标“BC”者，皆为公元某某年。

五、帝王的享年、在位的年限、即位时的年龄三项，皆用汉字数码标示，以区别于用阿拉伯数字标示的公元纪年。如刘彻（见《西汉世系表》）之享年标为“七〇”，意即享年为七十岁；其即位年龄标为“一六”，意为他即位时，年龄为十六岁；其在位年限标为“五五”，意为他在位历五十五年。

六、世系表中的“备注”一栏，主要内容是简述前后两代帝王之间承继、传位方式，对于太子嗣位的正常传位方式，仅以“以皇太子嗣位”之类的约语概述；对于非常的传位方式（如废立、“篡弑”、外藩入继、太后称制等），则作较详叙述。

七、年号创自西汉武帝，此后历代帝王皆相沿袭，成为定制。故本书自西汉起，在每一朝代的世系表之后，皆附有该朝代诸帝所用年号的起讫时间表，表中列出每一个年号的起讫年代。该起讫年代，既列公元纪年，又列我国传统的干支纪年，以便于对照。在公元纪年的右下角标有汉字数字者，系指月份。如东汉光武帝刘秀的年号“建武”，起始年标为“$25_{\text{六}}$”，终止年标为“$56_{\text{四}}$”，意即该年号的起始年是公元 25 年六月，终止年是公元 56 年四月（月份系用中国古代史籍中所使用的阴历月份）。

八、年号的右上角标有※符号者，是表示该年号系沿用前一代帝王的年号。如清圣祖玄烨嗣位之年所使用的年号“顺治”右上角标有※，即说明该年号是沿用前代帝王清世祖福临所建的年号。年号的右上角标有＊符号者，是表示在国家分裂时期，某个独立的地方政权的帝王所沿用的中原王朝的年号，例如晚唐五代时期的吴国皇帝吴太祖杨行密所使用的年号“天复”，右上角即标有＊符号，表明该年号是吴国所遵行的唐朝昭宗的年号，也表明该时期吴国国王对唐朝皇帝依然称臣。

九、帝王年号的起讫时间表，可作历史年表使用。该表之中虽然仅仅标示年号的起始年代和终止年代，但起止年代之间的任何一年，皆可根据起始年代推算出来，甚为方便。例如清圣祖康熙元年（起始年）是公元1662年、干支壬寅年，那末，康熙二年就一定是公元1663年、干支癸卯年。

为了便于读者的推算，特将干支纪年所使用的六十花甲子附列于后：

十天干：

甲、乙、丙、丁、戊、己、庚、辛、壬、癸。

十二地支：

子、丑、寅、卯、辰、巳、午、未、申、酉、戌、亥。

六十花甲子：

甲子、乙丑、丙寅、丁卯、戊辰、己巳、庚午、辛未、壬申、癸酉、甲戌、乙亥、丙子、丁丑、戊寅、己卯、庚辰、辛巳、壬午、癸未、甲申、乙酉、丙戌、丁亥、戊子、己丑、庚寅、辛卯、壬辰、癸巳、甲午、乙未、丙申、丁酉、戊戌、己亥、庚子、辛丑、壬寅、癸卯、甲辰、乙巳、丙午、丁未、戊申、己酉、庚戌、辛亥、壬子、癸丑、甲寅、乙卯、丙辰、丁巳、戊午、己未、庚申、辛酉、壬戌、癸亥。

十、本书末尾，附录《中国古代帝王的庙号、谥号、尊号和年号》一文，介绍了中国古代帝王的庙号、谥号、尊号、年号等历史知识，以帮助读者更确切、深刻地理解和掌握本书各表。

目　录

一、五帝……………………………………………………………（1）
二、夏世系…………………………………………………………（2）
三、商世系…………………………………………………………（2）
四、西周世系………………………………………………………（4）
五、东周世系………………………………………………………（5）
附一：西周诸王在位时间表 …………………………………（6）
附二：东周诸王在位时间表 …………………………………（7）
附三：西周诸侯世系纪年表 …………………………………（8）
附四：春秋诸侯世系纪年表 …………………………………（10）
附五：战国诸侯世系纪年表 …………………………………（24）
六、秦世系 ………………………………………………………（30）
附一：秦先世世系 ……………………………………………（31）
附二：秦朝纪年表 ……………………………………………（31）
七、西汉世系 ……………………………………………………（32）
附：西汉诸帝所用年号起讫时间表 …………………………（36）
八、东汉世系 ……………………………………………………（38）
附：东汉诸帝所用年号起讫时间表 …………………………（42）
九、三国魏世系 …………………………………………………（44）
十、三国蜀世系 …………………………………………………（44）
十一、三国吴世系 ………………………………………………（44）

附：三国魏、蜀、吴诸帝所用年号起讫时间表 …………（46）
十二、西晋世系 ……………………………………（48）
十三、东晋世系 ……………………………………（50）
附：两晋诸帝所用年号起讫时间表 ………………（52）
十四、十六国世系 …………………………………（54）
（一）汉（前赵）世系 …………………………（54）
（二）成汉世系 …………………………………（56）
（三）前凉世系 …………………………………（58）
（四）后赵世系 …………………………………（60）
（五）前燕世系 …………………………………（62）
（六）前秦世系 …………………………………（64）
（七）后秦世系 …………………………………（66）
（八）后燕世系 …………………………………（66）
（九）西秦世系 …………………………………（68）
（十）后凉世系 …………………………………（68）
（十一）南凉世系 ………………………………（70）
（十二）南燕世系 ………………………………（70）
（十三）西凉世系 ………………………………（72）
（十四）夏世系 …………………………………（72）
（十五）北燕世系 ………………………………（74）
（十六）北凉世系 ………………………………（74）
附一：十六国帝王所用年号起讫时间表 …………（76）
附二：十六国兴亡表（附冉魏、西燕） …………（81）
十五、南北朝世系 …………………………………（82）
（一）南朝宋世系 ………………………………（82）
（二）南朝齐世系 ………………………………（84）

（三）南朝梁世系 …………………………………………（86）
（四）南朝陈世系 …………………………………………（88）
附：南朝宋、齐、梁、陈诸帝所用年号起讫时间表 ………（90）
（五）北朝北魏世系 ………………………………………（92）
（六）北朝东魏世系 ………………………………………（96）
（七）北朝西魏世系 ………………………………………（96）
（八）北朝北齐世系 ………………………………………（98）
（九）北朝北周世系 ………………………………………（100）
附：北朝诸帝所用年号起讫时间表 …………………………（102）
十六、隋世系……………………………………………（106）
附：隋朝诸帝所用年号起讫时间表 …………………………（107）
十七、唐世系……………………………………………（108）
附：唐朝诸帝所用年号起讫时间表 …………………………（118）
十八、五代十国世系………………………………………（122）
（一）后梁世系 ……………………………………………（122）
（二）后唐世系 ……………………………………………（124）
（三）后晋世系 ……………………………………………（126）
（四）后汉世系 ……………………………………………（126）
（五）后周世系 ……………………………………………（128）
（六）吴世系 ………………………………………………（130）
（七）南唐世系 ……………………………………………（132）
（八）吴越世系 ……………………………………………（134）
（九）楚世系 ………………………………………………（136）
（十）闽世系 ………………………………………………（138）
（十一）南汉世系 …………………………………………（140）
（十二）前蜀世系 …………………………………………（142）

（十三）后蜀世系 …………………………………………（142）
（十四）南平（荆南）世系 ……………………………………（144）
（十五）北汉世系 …………………………………………（146）
附一：五代十国帝王所用年号起讫时间表 ……………………（148）
附二：五代十国兴亡表 ………………………………………（153）
十九、北宋世系……………………………………………（154）
附：北宋诸帝所用年号起讫时间表 ……………………………（158）
二十、南宋世系……………………………………………（160）
附：南宋诸帝所用年号起讫时间表 ……………………………（164）
二十一、辽世系……………………………………………（166）
附：辽代诸帝所用年号起讫时间表 ……………………………（170）
二十二、金世系……………………………………………（172）
附：金代诸帝所用年号起讫时间表 ……………………………（176）
二十三、西夏世系…………………………………………（178）
附：西夏诸帝所用年号起讫时间表 ……………………………（182）
二十四、元世系……………………………………………（184）
附：元朝诸帝所用年号起讫时间表 ……………………………（190）
二十五、明世系……………………………………………（192）
附：明朝诸帝所用年号起讫时间表 ……………………………（198）
二十六、清世系……………………………………………（200）
附：清朝诸帝所用年号起讫时间表 ……………………………（206）
附：中国古代帝王的庙号、谥号、尊号和年号…………（207）

一、五帝（约BC26世纪——BC22世纪）

黄帝——颛顼——帝喾——尧——舜

〔五帝是传说中的我国原始社会父系氏族公社阶段的五位“帝王”，实为氏族部落的酋长或部落联盟的联盟长，原因是当时并未形成国家，自然不可能产生代表国家政权的君主（帝王）。“五帝”之说，产生于秦汉之际。“五帝”所指，又有五说：①黄帝、颛顼、帝喾、尧、舜（《世本·五帝谱》《史记·五帝本纪》）；②太皞、炎帝、黄帝、少皞、颛顼（《周礼·小宗伯》注）；③伏羲（即太皞）、神农（即炎帝）、黄帝、尧、舜（《周易·系辞下》）；④少皞、颛顼、高辛、尧、舜（《帝王世纪》）；⑤东汉大儒郑玄另倡“五帝为六人”说。五帝时期，帝位的传承方式是“选贤与能”即“禅让”。五帝而后，舜禅让于禹。禹死后，其子启袭位，建立了夏王朝，开创了君主世袭制度〕

二、夏世系（约 BC21 世纪——BC16 世纪）

① 启——② 太康
　　　└——③ 仲康——④ 相——⑤ 少康——⑥ 予（杼、纾、伫）——⑦ 槐（芬）——⑧ 芒（荒）——⑨ 泄（世、洩）——⑩ 不降
　　└——⑪ 扃（局、禺）——⑫ 胤甲（厪、顼）——⑬ 孔甲——⑭ 皋（昊、皋苟）——⑮ 发（发惠）——⑯ 履癸（桀）

〔夏代君主于古籍中被称为后、夏后、夏后氏，亦有称之为帝者。自启至桀（履癸）凡十三代、十六传，历四百七十二年（一说四百三十二年），是为后人所推算〕

三、商世系（约 BC16 世纪——BC11 世纪）

① 天乙（汤、武汤、唐、大乙）——（太丁）
　　　　　　　　　　　　　　　　｜
　　　　　　　　　　　　　　② 外丙
　　　　　　　　　　　　　　　　｜
　　　　　　　　　　　　　　③ 仲壬——④ 太甲（祖甲、太宗）——⑤ 沃丁
　　　　　　　　　　　　　　　　　　　　　　　　　　　　｜
　　　　　　　　　　　　　　　　　　　　　　　　　　⑥ 太庚——⑦ 小甲
　　　　　　　　　　　　　　　　　　　　　　　　　　　　　　　　｜
　　　　　　　　　　　　　　　　　　　　　　　　　　　　　　⑧ 雍己
　　　　　　　　　　　　　　　　　　　　　　　　　　　　　　　　｜
　　　　　　　　　　　　　　　　　　　　　　　　　　　　　　⑨ 太戊—

⑩仲丁

⑪外壬

⑫河亶甲—⑬祖乙—⑭祖辛

⑮沃甲—⑯祖丁

⑰南庚

⑱阳甲

⑲盘庚

⑳小辛

㉑小乙——㉒武丁——㉓祖庚

㉔祖甲

㉕廪辛

㉖康丁——㉗武乙——㉘文丁——㉙帝乙

㉚帝辛(纣、受)

〔商（殷）代君主在古籍和甲骨文中被称为王。自汤（天乙）至纣凡十七代、三十传，历六百二十九年。一说商凡二十九王，历四百九十六年。传承制度前期以“兄终弟及”为主，后期以“父死子继”为主。国都屡迁，至盘庚迁殷（今河南安阳小屯村），始定都〕

四、西周世系（BC11世纪——BC771年）

①武王（姬姓，名发）——②成王（诵）——③康王（钊）—

—④昭王（瑕）—⑤穆王（满）—⑥共王（繄扈）—

⑧孝王（辟方）

—⑦懿王（囏）——⑨夷王（燮）—⑩厉王（胡）—

—共和行政—⑪宣王（静）—⑫幽王（宫涅）

〔周人原为古老部落，耕牧于渭水流域。始祖弃，被尊为农神，号称后稷。周人几经迁徙，至古公亶父，迁居于周原（今陕西岐山县），始以周为国名，臣属于商。古公亶父之子季历为商王文丁所杀，季历子姬昌继立，是为文王。文王统一渭水流域，迁都于丰邑（今陕西沣水西岸），其子姬发率诸侯东征，阵于牧野，翦灭殷商，建立周朝，定都于镐（今陕西西安市西南沣水东岸）。传至幽王，为犬戎所灭。自武王至幽王，凡十一代、十二王。西周之积年，存四说：①自灭殷至国亡凡二百五十七年；②凡四百余年；③三百八十六年；④三百五十二年。其间，懿王死后，其叔辟方自立，是为孝王。孝王死后，诸侯复立懿王太子燮为王，是为夷王。厉王暴虐，国人流王于彘，由周、召二公执政，号曰“共和行政”。中国历史自共和元年（BC841年）始有确切纪年。前此之历史年代，皆为后人所推算〕

五、东周世系（BC770年——BC256年）

①平王(宜臼)—②桓王(林,平王孙)—③庄王(佗)—
—④釐(僖)王(胡齐)—⑤惠王(阆)—⑥襄王(郑)—
—⑦顷王(壬臣)—⑧匡王(班)
|
⑨定王(瑜,匡王弟)—
—⑩简王(夷)—⑪灵王(泄心)—⑫景王(贵)—⑬悼王(猛)—
—⑭敬王(匄)——⑮元王(仁)——⑯贞定王(介)—
—⑰哀王(去疾)
|
⑱思王(叔,哀王弟)
|
⑲考王(嵬,思王弟)——⑳威烈王(午)——㉑安王(骄)—
—㉒烈王(喜)
|
㉓显王(扁,烈王弟)——㉔慎靓王(定)——㉕赧王(延)

〔公元前771年，犬戎杀幽王，灭西周。翌年（即BC770年），幽王太子宜臼由镐京迁都于洛邑（今河南洛阳），史称东迁后之周王朝为东周。周赧王五十九年（BC256年），东周为秦所灭，共传二十五王，历时五百一十五年。

东周自公元前770年（周平王元年）至公元前476年（周敬王四十四年）这段历史时期，史称之为“春秋时期”；自公元前475年（周元王元年）至公元前221年（秦王政二十六年）秦始皇统一全国，则被称为“战国时期”〕

附一：西周诸王在位时间表

王　号	在位时间（皆在公元前）	
	起　始　年	终　止　年
武　王	BC　1027	BC 1025
成　王	1024	1005
康　王	1004	967
昭　王	966	948
穆　王	947	928
共　王	927	908
懿　王	907	898
孝　王	897	888
夷　王	887	858
厉　王	857	842
共　和	841	828
宣　王	827	782
幽　王	781	771

（说明：自共和元年起，中国历史始有确切纪年，前此之纪年，皆为后人推算）

附二：东周诸王在位时间表

王　号	在位时间（皆在公元前）	
	起　始　年	终　止　年
平　王	BC　770	BC　720
桓　王	719	697
庄　王	696	682
釐　王	681	677
惠　王	676	652
襄　王	651	619
顷　王	618	613
匡　王	612	607
定　王	606	586
简　王	585	572
灵　王	571	545
景　王	544	520
敬　王	519	476
元　王	475	469
贞定王	468	441
考　王	440	426
威烈王	425	402
安　王	401	376
烈　王	375	369
显　王	368	321
慎靓王	320	315
赧　王	314	256

（说明：悼王、哀王、思王在位时间极短，并入考王在位年代）

附三:西周诸侯世系纪年表(自共和元年始)

公元前	干　支	周王纪年	诸　侯			
			鲁	齐	晋	秦
841	庚申	共和 1	真公 15	武公 10	靖侯 18	秦仲 4
840	辛酉	2	16	11	釐侯 1	5
837	甲子	5	19	14	4	8
834	丁卯	8	22	17	7	11
831	庚午	11	25	20	10	14
830	辛未	12	26	21	11	15
827	甲戌	宣王 1	29	24	14	18
826	乙亥	2	30	25	15	19
825	丙子	3	武公 1	26	16	20
824	丁丑	4	2	厉公 1	17	21
822	己卯	6	4	3	献侯 1	23
821	庚辰	7	5	4	2	庄公 1
815	丙戌	13	懿公 1	文公 1	8	7
812	己丑	16	4	4	11	10
811	庚寅	17	5	5	穆侯 1	11
809	壬辰	19	7	7	3	13
806	乙未	22	伯御 1	10	6	16
803	戊戌	25	4	成公 1	9	19
799	壬寅	29	8	5	13	23
796	乙巳	32	孝公 1	8	16	26
795	丙午	33	2	9	17	27
794	丁未	34	3	庄公 1	18	28
790	辛亥	38	7	5	22	32
784	丁巳	44	13	11	殇叔 1	38
781	庚申	幽王 1	16	14	4	41
780	辛酉	2	17	15	文侯 1	42
777	甲子	5	20	18	4	襄公 1
771	庚午	11	26	24	10	7

国纪年							
楚	宋	卫	陈	蔡	曹	郑	燕
熊勇 7	釐公 18	釐侯 14	幽公 14	武侯 23	夷伯 24		惠侯 24
8	19	15	15	24	25		25
熊严 1	22	18	18	夷侯 1	28		28
4	25	21	21	4	幽伯 1		31
7	28	24	釐公 1	7	4		34
8	惠公 1	25	2	8	5		35
熊霜 1	4	28	5	11	8		38
2	5	29	6	12	9		釐侯 1
3	6	30	7	13	戴伯 1		2
4	7	31	8	14	2		3
6	9	33	10	16	4		5
熊徇 1	10	34	11	17	5		6
7	16	40	17	23	11		12
10	19	武公 1	20	26	14		15
11	20	2	21	27	15		16
13	22	4	23	釐侯 1	17		18
16	25	7	26	4	20	桓公 1	21
19	28	10	29	7	23	4	24
熊鄂 1	戴公 1	14	33	11	27	8	28
4	4	17	36	14	30	11	31
5	5	18	武公 1	15	惠公 1	12	32
6	6	19	2	16	2	13	33
若敖 1	10	23	6	20	6	17	顷侯 1
7	16	29	12	26	12	23	7
10	19	32	15	29	15	26	10
11	20	33	夷公 1	30	16	27	11
14	23	36	平公 1	33	19	30	14
20	29	42	7	39	25	36	20

附四：春秋诸侯世系纪年表（BC770—BC476 年）

公元前	干支	周王纪年	诸侯				
			鲁	齐	晋	秦	楚
770	辛未	平王 1	孝公 27	庄公 25	文侯 11	襄公 8	若敖 21
768	癸酉	3	惠公 1	27	13	10	23
766	乙亥	5	3	29	15	12	25
765	丙子	6	4	30	16	文公 1	26
764	丁丑	7	5	31	17	2	27
763	戊寅	8	6	32	18	3	霄敖 1
761	庚辰	10	8	34	20	5	3
759	壬午	12	10	36	22	7	5
757	甲申	14	12	38	24	9	蚡冒 1
756	乙酉	15	13	39	25	10	2
754	丁亥	17	15	41	27	12	4
749	壬辰	22	20	46	32	17	9
747	甲午	24	22	48	34	19	11
745	丙申	26	24	50	昭侯 1	21	13
744	丁酉	27	25	51	2	22	14
743	戊戌	28	26	52	3	23	15
740	辛丑	31	29	55	6	26	武王 1
739	壬寅	32	30	56	孝侯 1	27	2
734	丁未	37	35	61	6	32	7
730	辛亥	41	39	釐公 1	10	36	11
728	癸丑	43	41	3	12	38	13
723	戊午	48	46	8	鄂侯 1	43	18
722	己未	49	隐公 1	9	2	44	19
719	壬戌	桓王 1	4	12	5	47	22

国	纪	年						
宋	卫	陈	蔡	曹	郑	燕	吴	越
戴公 30	武公 43	平公 8	釐侯 40	惠公 26	武公 1	顷侯 21		
32	45	10	42	28	3	23		
34	47	12	44	30	5	哀侯 1		
武公 1	48	13	45	31	6	2		
2	49	14	46	32	7	郑侯 1		
3	50	15	47	33	8	2		
5	52	17	共侯 1	35	10	4		
7	54	19	戴侯 1	穆公 1	12	6		
9	庄公 1	21	3	3	14	8		
10	2	22	4	桓公 1	15	9		
12	4	文公 1	6	3	17	11		
17	9	6	宣侯 1	8	22	16		
宣公 1	11	8	3	10	24	18		
3	13	10	5	12	26	20		
4	14	桓公 1	6	13	27	21		
5	15	2	7	14	庄公 1	22		
8	18	5	10	17	4	25		
9	19	6	11	18	5	26		
14	桓公 1	11	16	23	10	31		
18	5	15	20	27	14	35		
穆公 1	7	17	22	29	16	穆侯 1		
6	12	22	27	34	21	6		
7	13	23	28	35	22	7		
殇公 1	16	26	31	38	25	10		

公元前	干支	周王纪年	诸侯				
			鲁	齐	晋	秦	楚
718	癸亥	桓王 2	隐公 5	釐公 13	鄂侯 6	文公 48	武王 23
717	甲子	3	6	14	哀侯 1	49	24
715	丙寅	5	8	16	3	宁公 1	26
714	丁卯	6	9	17	4	2	27
711	庚午	9	桓公 1	20	7	5	30
710	辛未	10	2	21	8	6	31
709	壬申	11	3	22	小子 1	7	32
706	乙亥	14	6	25	滑 1	10	35
703	戊寅	17	9	28	4	出公 1	38
701	庚辰	19	11	30	6	3	40
700	辛巳	20	12	31	7	4	41
699	壬午	21	13	32	8	5	42
697	甲申	23	15	襄公 1	10	武公 1	44
696	乙酉	庄王 1	16	2	11	2	45
694	丁亥	3	18	4	13	4	47
693	戊子	4	庄公 1	5	14	5	48
692	己丑	5	2	6	15	6	49
691	庚寅	6	3	7	16	7	50
690	辛卯	7	4	8	17	8	51
689	壬辰	8	5	9	18	9	文王 1
686	乙未	11	8	12	21	12	4
685	丙申	12	9	桓公 1	22	13	5
681	庚子	釐王 1	13	5	26	17	9
679	壬寅	3	15	7	28	19	11
678	癸卯	4	16	8	武公(注三) 38	20	12

注一：卫惠公复为齐国所立，复位，入卫。　注二：郑厉公是年复立。

（续）

国纪年								
宋	卫	陈	蔡	曹	郑	燕	吴	越
殇公 2	宣公 1	桓公 27	宣侯 32	桓公 39	庄公 26	穆侯 11		
3	2	28	33	40	27	12		
5	4	30	35	42	29	14		
6	5	31	桓侯 1	43	30	15		
9	8	34	4	46	33	18		
冯 1	9	35	5	47	34	宣侯 1		
2	10	36	6	48	35	2		
5	13	厉公 1	9	51	38	5		
8	16	4	12	54	41	8		
10	18	6	14	庄公 1	43	10		
11	19	7	15	2	厉公 1	11		
12	惠公 1	庄公 1	16	3	2	12		
14	3	3	18	5	4	桓公 1		
15	黔牟 1	4	19	6	昭公 1	2		
17	3	6	哀侯 1	8	子亹 1	4		
18	4	7	2	9	子婴 1	5		
19	5	宣公 1	3	10	2	6		
湣公 1	6	2	4	11	3	7		
2	7	3	5	12	4	庄公 1		
3	8	4	6	13	5	2		
6	惠公(注一) 14	7	9	16	8	5		
7	15	8	10	17	9	6		
桓公 1	19	12	14	21	13	10		
3	21	14	16	23	厉公(注二) 1	12		
4	22	15	17	24	2	13		

注三：曲沃武公灭晋侯湣，并晋，已立 38 年，不改元。

公元前	干支	周王纪年	诸侯				
			鲁	齐	晋	秦	楚
677	甲辰	釐王 5	庄公 17	桓公 9	武公 39	德公 1	文王 13
676	乙巳	惠王 1	18	10	献公 1	2	堵敖囏 1
675	丙午	2	19	11	2	宣公 1	2
674	丁未	3	20	12	3	2	3
672	己酉	5	22	14	5	4	5
671	庚戌	6	23	15	6	5	成王 1
670	辛亥	7	24	16	7	6	2
668	癸丑	9	26	18	9	8	4
663	戊午	14	31	23	14	成公 1	9
661	庚申	16	湣公 1	25	16	3	11
660	辛酉	17	2	26	17	4	12
659	壬戌	18	釐(僖)公 1	27	18	穆公 1	13
657	甲子	20	3	29	20	3	15
652	己巳	25	8	34	25	8	20
651	庚午	襄王 1	9	35	26	9	21
650	辛未	2	10	36	惠公 1	10	22
647	甲戌	5	13	39	4	13	25
645	丙子	7	15	41	6	15	27
642	己卯	10	18	孝公 1	9	18	30
636	乙酉	16	24	7	文公 1	24	36
634	丁亥	18	26	9	3	26	38
632	己丑	20	28	昭公 1	5	28	40
631	庚寅	21	29	2	6	29	41

（续）

国	纪	年						
宋	卫	陈	蔡	曹	郑	燕	吴	越
桓公 5	惠公 23	宣公 16	哀侯 18	庄公 25	厉公 3	庄公 14		
6	24	17	19	26	4	15		
7	25	18	20	27	5	16		
8	26	19	穆侯 1	28	6	17		
10	28	21	3	30	文公 1	19		
11	29	22	4	31	2	20		
12	30	23	5	釐公 1	3	21		
14	懿公 1	25	7	3	5	23		
19	6	30	12	8	10	28		
21	8	32	14	昭公 1	12	30		
22	戴公 1	33	15	2	13	31		
23	文公 1	34	16	3	14	32		
25	3	36	18	5	16	襄公 1		
30	8	41	23	共公 1	21	6		
31	9	42	24	2	22	7		
襄公 1	10	43	25	3	23	8		
4	13	穆公 1	28	6	26	11		
6	15	3	庄侯 1	8	28	13		
9	18	6	4	11	31	16		
成公 1	24	12	10	17	37	22		
3	成公 1	14	12	19	39	24		
5	3	16	14	21	41	26		
6	4	共公 1	15	22	42	27		

公元前	干支	周王纪年	诸侯				
			鲁	齐	晋	秦	楚
627	甲午	襄王 25	庄公 33	昭公 6	襄公 1	穆公 33	成王 45
626	乙未	26	文公 1	7	2	34	46
625	丙申	27	2	8	3	35	穆王 1
620	辛丑	32	7	13	灵公 1	康公 1	6
619	壬寅	33	8	14	2	2	7
618	癸卯	顷王 1	9	15	3	3	8
617	甲辰	2	10	16	4	4	9
613	戊申	6	14	20	8	8	庄王 1
612	己酉	匡王 1	15	懿公 1	9	9	2
611	庚戌	2	16	2	10	10	3
610	辛亥	3	17	3	11	11	4
608	癸丑	5	宣公 1	惠公 1	13	共公 1	6
606	乙卯	定王 1	3	3	成公 1	3	8
605	丙辰	2	4	4	2	4	9
604	丁巳	3	5	5	3	5	10
603	戊午	4	6	6	4	桓公 1	11
601	庚申	6	8	8	6	3	13
599	壬戌	8	10	10	景公 1	5	15
598	癸亥	9	11	顷公 1	2	6	16
594	丁卯	13	15	5	6	10	20
591	庚午	16	18	8	9	13	23
590	辛未	17	成公 1	9	10	14	共王 1
588	癸酉	19	3	11	12	16	3
586	乙亥	21	5	13	14	18	5

（续）

国纪年								
宋	卫	陈	蔡	曹	郑	燕	吴	越
成公 10	成公 8	共公 5	庄侯 19	共公 26	穆公 1	襄公 31		
11	9	6	20	27	2	32		
12	10	7	21	28	3	33		
17	15	12	26	33	8	38		
昭公 1	16	13	27	34	9	39		
2	17	14	28	35	10	40		
3	18	15	29	文公 1	11	桓公 1		
7	22	灵公 1	33	5	15	5		
8	23	2	34	6	16	6		
9	24	3	文侯 1	7	17	7		
文公 1	25	4	2	8	18	8		
3	27	6	4	10	20	10		
5	29	8	6	12	22	12		
6	30	9	7	13	灵公 1	13		
7	31	10	8	14	襄公 1	14		
8	32	11	9	15	2	15		
10	34	13	11	17	4	宣公 1		
12	穆公 1	15	13	19	6	3		
13	2	成公 1	14	20	7	4		
17	6	5	18	宣公 1	11	8		
20	9	8	景侯 1	4	14	11		
21	10	9	2	5	15	12		
共公 1	定公 1	11	4	7	17	14		
3	3	13	6	9	悼公 1	昭公 1		

公元前	干支	周王纪年	诸侯					
			鲁	齐	晋	秦	楚	宋
585	丙子	简王 1	成公 6	顷公 14	景公 15	桓公 19	共王 6	共公 4
584	丁丑	2	7	15	16	20	7	5
581	庚辰	5	10	灵公 1	19	23	10	8
580	辛巳	6	11	2	厉公 1	24	11	9
577	甲申	9	14	5	4	27	14	12
576	乙酉	10	15	6	5	景公 1	15	13
575	丙戌	11	16	7	6	2	16	平公 1
573	戊子	13	18	9	8	4	18	3
572	己丑	14	襄公 1	10	悼公 1	5	19	4
571	庚寅	灵王 1	2	11	2	6	20	5
570	辛卯	2	3	12	3	7	21	6
568	癸巳	4	5	14	5	9	23	8
565	丙申	7	8	17	8	12	26	11
560	辛丑	12	13	22	13	17	31	16
559	壬寅	13	14	23	14	18	康王 1	17
558	癸卯	14	15	24	15	19	2	18
557	甲辰	15	16	25	平公 1	20	3	19
554	丁未	18	19	28	4	23	6	22
553	戊申	19	20	庄公 1	5	24	7	23
548	癸丑	24	25	6	10	29	12	28
547	甲寅	25	26	景公 1	11	30	13	29
546	乙卯	26	27	2	12	31	14	30

（续）

国	纪	年					
卫	陈	蔡	曹	郑	燕	吴	越
定公 4	成公 14	景侯 7	宣公 10	悼公 2	昭公 2	寿梦 1	
5	15	8	11	成公 1	3	2	
8	18	11	14	4	6	5	
9	19	12	15	5	7	6	
12	22	15	成公 1	8	10	9	
献公 1	23	16	2	9	11	10	
2	24	17	3	10	12	11	
4	26	19	5	12	武公 1	13	
5	27	20	6	13	2	14	
6	28	21	7	14	3	15	
7	29	22	8	釐公 1	4	16	
9	哀公 1	24	10	3	6	18	
12	4	27	13	简公 1	9	21	
17	9	32	18	6	14	诸樊 1	
18	10	33	19	7	15	2	
殇公 1	11	34	20	8	16	3	
2	12	35	21	9	17	4	
5	15	38	武公 1	12	文公 1	7	
6	16	39	2	13	2	8	
11	21	44	7	18	懿公 1	13	
12	22	45	8	19	2	馀祭 1	
献公 1	23	46	9	20	3	2	

公元前	干支	周王纪年	诸侯					
			鲁	齐	晋	秦	楚	宋
544	丁巳	景王 1	襄公 29	景公 4	平公 14	景公 33	郏敖 1	平公 32
543	戊午	2	30	5	15	34	2	33
542	己未	3	31	6	16	35	3	34
541	庚申	4	昭公 1	7	17	36	4	35
540	辛酉	5	2	8	18	37	灵王 1	36
536	乙丑	9	6	12	22	哀公 1	5	40
535	丙寅	10	7	13	23	2	6	41
534	丁卯	11	8	14	24	3	7	42
533	戊辰	12	9	15	25	4	8	43
531	庚午	14	11	17	昭公 1	6	10	元公 1
530	辛未	15	12	18	2	7	11	2
529	壬申	16	13	19	3	8	12	3
528	癸酉	17	14	20	4	9	平王 1	4
527	甲戌	18	15	21	5	10	2	5
526	乙亥	19	16	22	6	11	3	6
525	丙子	20	17	23	顷公 1	12	4	7
523	戊寅	22	19	25	3	14	6	9
521	庚辰	24	21	27	5	16	8	11
519	壬午	敬王 1	23	29	7	18	10	13
518	癸未	2	24	30	8	19	11	14
516	乙酉	4	26	32	10	21	13	景公 1
515	丙戌	5	27	33	11	22	昭王 1	2

（续）

国纪年							
卫	陈	蔡	曹	郑	燕	吴	越
献公 3	哀公 25	景侯 48	武公 11	简公 22	惠公 1	馀祭 4	
襄公 1	26	49	12	23	2	5	
2	27	灵侯 1	13	24	3	6	
3	28	2	14	25	4	7	
4	29	3	15	26	5	8	
8	33	7	19	30	9	12	
9	34	8	20	31	悼公 1	13	
灵公 1	35	9	21	32	2	14	
2	惠公 1	10	22	33	3	15	
4	3	12	24	35	5	17	
5	4	平侯 1	25	36	6	馀昧 1	
6	5	2	26	定公 1	7	2	
7	6	3	27	2	共公 1	3	
8	7	4	平公 1	3	2	4	
9	8	5	2	4	3	僚 1	
10	9	6	3	5	4	2	
12	11	8	悼公 1	7	平公 1	4	
14	13	悼侯 1	3	9	3	6	
16	15	3	5	11	5	8	
17	16	昭侯 1	6	12	6	9	
19	18	3	8	14	8	11	
20	19	4	9	15	9	12	

公元前	干支	周王纪年	诸侯					
			鲁	齐	晋	秦	楚	宋
514	丁亥	敬王 6	昭公 28	景公 34	顷公 12	哀公 23	昭王 2	景公 3
513	戊子	7	29	35	13	24	3	4
511	庚寅	9	31	37	定公 1	26	5	6
510	辛卯	10	32	38	2	27	6	7
509	壬辰	11	定公 1	39	3	28	7	8
505	丙申	15	5	43	7	32	11	12
504	丁酉	16	6	44	8	33	12	13
501	庚子	19	9	47	11	36	15	16
500	辛丑	20	10	48	12	惠公 1	16	17
496	乙巳	24	14	52	16	5	20	21
495	丙午	25	15	53	17	6	21	22
494	丁未	26	哀公 1	54	18	7	22	23
492	己酉	28	3	56	20	9	24	25
490	辛亥	30	5	58	22	悼公 1	26	27
489	壬子	31	6	晏孺子 1	23	2	27	28
488	癸丑	32	7	悼公 1	24	3	惠王 1	29
487	甲寅	33	8	2	25	4	2	30
484	丁巳	36	11	简公 1	28	7	5	33
480	辛酉	40	15	平公 1	32	11	9	37
479	壬戌	41	16	2	33	12	10	38
477	甲子	43	18	4	35	14	12	40
476	乙丑	44	19	5	36	厉共公 1	13	41

（续）

国纪年							
卫	陈	蔡	曹	郑	燕	吴	越
灵公 21	惠公 20	昭侯 5	襄公 1	定公 16	平公 10	阖闾 1	
22	21	6	2	献公 1	11	2	
24	23	8	4	3	13	4	
25	24	9	5	4	14	5	允常 1
26	25	10	隐公 1	5	15	6	2
30	怀公 1	14	靖公 1	9	19	10	6
31	2	15	2	10	简公 1	11	7
34	湣公 1	18	伯阳 1	13	4	14	10
35	2	19	2	声公 1	5	15	11
39	6	23	6	5	9	19	勾践 1
40	7	24	7	6	10	夫差 1	2
41	8	25	8	7	11	2	3
出公 1	10	27	10	9	献公 1	4	5
3	12	成侯 1	12	11	3	6	7
4	13	2	13	12	4	7	8
5	14	3	14	13	5	8	9
6	15	4	(曹亡)15	14	6	9	10
9	18	7		17	9	12	13
庄公 1	22	11		21	13	16	17
2	(陈亡)23	12		22	14	17	18
起 1		14		24	16	19	20
出公后元 1		15		25	17	20	21

附五：战国诸侯世系纪年表（BC475—BC221年）

公元前	干支	周	秦	齐	
				姜　齐	田　齐
475	丙寅	元王 1	厉共公 2	平公 6	
474	丁卯	2	3	7	
468	癸酉	贞定王 1	9	13	
455	丙戌	14	22	宣公 1	
454	丁亥	15	23	2	
451	庚寅	18	26	5	
445	丙申	24	32	11	
442	己亥	27	躁公 1	14	
440	辛丑	考王 1	3	16	
438	癸卯	3	5	18	
433	戊申	8	10	23	
431	庚戌	10	12	25	
428	癸丑	13	怀公 1	28	
425	丙辰	威烈王 1	4	31	
424	丁巳	2	灵公 1	32	
423	戊午	3	2	33	
415	丙寅	11	10	41	
414	丁卯	12	简公 1	42	
410	辛未	16	5	46	悼子 1
408	癸酉	18	7	48	3
407	甲戌	19	8	49	4
404	丁丑	22	11	康公 1	和子 1
401	庚辰	安王 1	14	4	4
399	壬午	3	惠公 1	6	6
395	丙戌	7	5	10	10
388	癸巳	14	12	17	17
386	乙未	16	出子 1	19	1

楚	晋	赵	魏	韩	燕
惠王 14	定公 37	襄子 1			孝公 23
15	出公 1	2			24
21	7	8			30
34	20	21			43
35	21	22			成公 1
38	敬公 1	25			4
44	7	31	文侯 1		10
47	10	34	4		13
49	12	36	6		15
51	14	38	8		闵公 1
56	幽公 1	43	13		6
简王 1	3	45	15		8
4	6	48	18		11
7	9	51	21		14
8	10	桓子 1	22	武子 1	15
9	11	献侯 1	23	2	16
17	烈公 1	9	31	10	24
18	2	10	32	11	简公 1
22	6	14	36	15	5
24	8	烈侯 1	38	景侯 1	7
声王 1	9	2	39	2	8
4	12	5	42	5	11
悼王 1	15	8	45	8	14
3	17	10	47	烈侯 1	16
7	21	14	武侯 1	5	20
14	桓公 1	21	8	12	27
16	3	敬侯 1	10	文侯 1	29

公元前	干支	周	秦	齐	
				姜齐	田齐
384	丁酉	安王 18	献公 1	康公 21	和子 3
383	戊戌	19	2	22	齐侯剡 1
380	辛丑	22	5	25	4
379	壬寅	23	6	(亡)26	5
376	乙巳	26	9		8
375	丙午	烈王 1	10		9
374	丁未	2	11		桓公 1
369	壬子	7	16		6
368	癸丑	显王 1	17		7
362	己未	7	23		13
361	庚申	8	孝公 1		14
356	乙丑	13	6		威王 1
349	壬申	20	13		8
339	壬午	30	23		18
337	甲申	32	惠文王 1		20
334	丁亥	35	4		23
332	己丑	37	6		25
328	癸巳	41	10		29
325	丙申	44	13		32
324	丁酉	45	更元 1		33
320	辛丑	慎靓王 1	5		37
319	壬寅	2	6		宣王 1
318	癸卯	3	7		2
314	丁未	赧王 1	11		6
311	庚戌	4	14		9
310	辛亥	5	武王 1		10
306	乙卯	9	昭王 1		14

（续）

楚	晋	赵	魏	韩	燕
悼王 18	桓公 5	敬侯 3	武侯 12	文侯 3	简公 31
19	6	4	13	4	32
肃王 1	9	7	16	7	35
2	10	8	17	8	36
5	13	11	20	哀侯 1	39
6	14	12	21	2	40
7	15	成侯 1	22	懿侯 1	41
宣王 1	（亡）20	6	惠王 1	6	桓公 1
2		7	2	7	2
8		13	8	昭侯 1	8
9		14	9	2	文公 1
14		19	14	7	6
21		肃侯 1	21	14	13
威王 1		11	31	24	23
3		13	33	26	25
6		16	后元 1	29	28
8		18	3	宣惠王 1	易王 1
怀王 1		22	7	5	5
4		武灵王 1	10	8	8
5		2	11	9	9
9		6	15	13	燕王哙 1
10		7	16	14	2
11		8	襄王 1	15	3
15		12	5	19	7
18		15	8	襄王 1	昭王 1
19		16	9	2	2
23		20	13	6	6

公元前	干支	周	秦	齐	
				姜　齐	田　齐
300	辛酉	赧王 15	昭王 7		湣王 1
298	癸亥	17	9		3
295	丙寅	20	12		6
283	戊寅	32	24		襄王 1
278	癸未	37	29		6
276	乙酉	39	31		8
272	己丑	43	35		12
271	庚寅	44	36		13
265	丙申	50	42		19
264	丁酉	51	43		齐王建 1
262	己亥	53	45		3
257	甲辰	58	50		8
256	乙巳	(亡)59	51		9
254	丁未		53		11
250	辛亥		孝文王 1		15
249	壬子		庄襄王 1		16
246	乙卯		秦王政 1		19
244	丁巳		3		21
242	己未		5		23
238	癸亥		9		27
237	甲子		10		28
235	丙寅		12		30
227	甲戌		20		38
225	丙子		22		40
223	戊寅		24		42
222	己卯		25		43
221	庚辰		26		(亡)44

（续）

楚	晋	赵	魏	韩	燕
怀王 29		武灵王 26	襄王 19	襄王 12	昭王 12
顷襄王 1		惠文王 1	21	14	14
4		4	昭王 1	釐王 1	17
16		16	13	13	29
21		21	18	18	惠王 1
23		23	安釐王 1	20	3
27		27	5	桓惠王 1	7
28		28	6	2	武成王 1
34		孝成王 1	12	8	7
35		2	13	9	8
考烈王 1		4	15	11	10
6		9	20	16	孝王 1
7		10	21	17	2
9		12	23	19	燕王喜 1
13		16	27	23	5
14		17	28	24	6
17		20	31	27	9
19		悼襄王 1	33	29	11
21		3	景湣王 1	31	13
25		7	5	韩王安 1	17
幽王 1		8	6	2	18
3		赵王迁 1	8	4	20
楚王负刍 1		代王嘉 1	魏王假 1	（亡于 9）	28
3		3	（亡）3		30
（亡）5		5			32
		（亡）6			（亡）33

六、秦世系（BC221——BC206年）

①始皇帝（嬴政）——②二世（胡亥）——③子婴

〔秦始皇，嬴姓，赵氏（因生于赵国而取以为氏），名政。生于公元前259年，死于公元前210年，享年五十岁。公元前247年，其父庄襄王（名子楚）死，嬴政代立为秦王，时年十三。秦王政二十六年（BC221年），秦灭六国而统一全国，秦王政改称始皇帝，定都于咸阳（今陕西咸阳市）。秦始皇三十七年（BC210年），嬴政死于巡行途中，年五十。二世胡亥嗣立。二世三年（BC207年）八月，宦官赵高杀胡亥而立子婴（胡亥兄之子）。是年十月（秦历岁首，公历为BC206年），子婴降于刘邦，秦亡。

秦人祖先原为西方古老部落，周孝王时，其酋长非子为周人养马于汧、渭之间，被赐姓为嬴（又称秦嬴）。周宣王时，秦部落酋长庄公及昆弟五人，奉周王命，率兵七千，大破西戎，被称为“西垂大夫”。至西周末，秦襄公始建立奴隶制国家，因其护送周平王东迁有功，始被平王封为诸侯，并赐以岐西之地。春秋时期，秦德公迁都于雍（今陕西凤翔）；秦穆公时，国势强胜，成为诸侯大国。战国时期，秦孝公任用法家商鞅实行变法革新，为封建制经济和封建政治制度的发展，奠定了坚实基础。此后，秦国日益强大，至秦王政，先后灭掉韩、赵、魏、燕、楚、齐六国，统一了全国，建立了我国历史上第一个中央集权的封建制国家。为了更清晰地显示秦人的历史发展渊源，特据《史记》之《十二诸侯年表》和《六国年表》，将秦先世世系谱列于后〕

附一：秦先世世系

①秦仲——②庄公——③襄公——④文公——⑤宁公——⑥出公——⑦武公——⑧德公——⑨宣公——⑩成公——⑪穆公——⑫康公——⑬共公——⑭桓公——⑮景公——⑯哀公——⑰惠公——⑱悼公(以上据《史记·十二诸侯年表》)——⑲厉公——⑳躁公——㉑怀公——㉒灵公——㉓简公——㉔惠公——㉕出子——㉖献公——㉗孝公——㉘惠文王——㉙武王——㉚昭王——㉛孝文王——㉜庄襄王——㉝秦始皇

(以上据《史记·六国年表》)

〔秦仲 4 年当西周共和元年（BC841 年)〕

附二：秦朝纪年表（BC221—BC206 年）

帝王	在位时间			
	起始年		终止年	
	帝王纪年	公元前	帝王纪年	公元前
始皇帝	秦始皇二十六	221	秦始皇三十七	210
二世	秦始皇三十七(七月)	210	二世三年	207
子婴	二世三年(八月)	207	二世三年(十月)	206(注)

注：子婴于二世三年八月即位，十月降于刘邦。秦以十月为岁首，故列于公元前 206 年。

七、西汉世系

姓名	世系	庙号与谥号	陵寝	生卒年		
				生年	卒年	享年
刘邦	沛县丰邑人，父刘太公，母刘媪	高祖高皇帝	长陵	BC256（一说 BC247）	BC195	六二（或五三）
刘盈	高祖子，母吕皇后	孝惠皇帝	安陵	BC207（一说 BC210）	BC188	二一（或二四）
吕雉	山阳单父人，高祖皇后	高皇后		BC241	BC180	六二
刘恒	高祖中子，母薄姬	太宗孝文皇帝	霸陵	BC202	BC157	四六
刘启	文帝子，母窦皇后	孝景皇帝	阳陵	BC188	BC141	四八
刘彻	景帝中子，母王美人	世宗孝武皇帝	茂陵	BC156	BC87	七〇
刘弗陵	武帝少子，母赵婕妤	孝昭皇帝	平陵	BC94	BC74	二一
刘询	武帝曾孙，戾太子刘据孙，父史皇孙，母王夫人	中宗孝宣皇帝	杜陵	BC91	BC49	四三

(BC206 年——公元 25 年)

在位时间与即位年龄				所用年号	备　注
起始年	终止年	年　限	即位年龄		
BC202（称帝）	BC195	一二（自称汉王起）	五五（或四六）	（未立年号）	BC209 起兵，BC206 称汉王，BC202 称帝
BC195	BC188	八	一三（或一六）	（未立年号）	以太子嗣位
BC188	BC180	九		（未立年号）	BC188 吕后立少帝，临朝称制，旋杀少帝。“即位”，“在位”均指临朝称制
BC180	BC157	二三	二三	前元、后元（此非年号）	高祖十一年立为代王，吕后死，周勃等诛诸吕，迎立代王为帝
BC157	BC141	一七	三二	前元、中元、后元（此非年号）	以太子嗣位
BC141	BC87	五五	一六	建元、元光、元朔、元狩、元鼎、元封、太初、天汉、太始、征和、后元	以太子嗣位。“建元”为我国历史上第一个帝王年号
BC87	BC74	一四	八	始元、元凤、元平	以太子嗣位
BC74	BC49	二六	一八	元平※、本始、地节、元康、神爵、五凤、甘露、黄龙	汉武帝之戾太子遭巫蛊之祸，戾太子之孙刘询株连系狱后遇赦。昭帝死，霍光迎昌邑王刘贺嗣位，旋废之。迎刘询，立为帝

姓名	世系	庙号与谥号	陵寝	生卒年		
				生年	卒年	享年
刘奭	宣帝子，母许皇后	高宗孝元皇帝	渭陵	BC76	BC33	四四
刘骜	元帝子，母王皇后	统宗孝成皇帝	延陵	BC51	BC7	四五
刘欣	元帝庶孙，成帝弟，定陶恭王刘康子，母丁姬	孝哀皇帝	义陵	BC25	BC1	二五
刘衎	元帝庶孙，中山孝王之子，母卫姬	元宗孝平皇帝	康陵	BC9	5	一五
孺子刘婴	宣帝玄孙，广戚侯刘显之子			5	25	二一
王莽	元帝王皇后侄，父王曼	（改国号为“新”）		BC45	23	六九
刘玄	南阳蔡阳人，刘秀族兄，西汉远支皇族	（建元更始）		?	25	

〔西汉十一帝、十五传（含孺子刘婴、王莽、刘玄），历二

（续）

在位时间与即位年龄				所用年号	备　注
起始年	终止年	年限	即位年龄		
BC48	BC33	一六	二九	初元、永光、建昭、竟宁	以太子嗣位
BC33	BC7	二七	一九	竟宁※、建始、河平、阳朔、鸿嘉、永始、元延、绥和	以太子嗣位
BC7	BC1	七	一九	绥和※、建平、元寿	欣三岁嗣父爵定陶王，成帝无子，召以入宫，立为皇太子，后嗣位
BC1	公元5	六	九	元寿※、元始	三岁嗣父爵为中山王。哀帝死，无子，太后与王莽使使迎立为帝
5	8	四	一	居摄、初始	公元5年，王莽弑平帝，立刘婴，号“孺子”
8	23	一六	五四	始建国、天凤、地皇	平帝幼冲、王太后临朝，其侄王莽以大司马辅政，于公元5年弑平帝，立孺子刘婴，王莽辅政，自称假皇帝、摄皇帝。居摄三年后，公元8年自立为帝，改国号为“新”
23	25	三		更始	王莽末年起兵，初入平林军，为更始将军，后与绿林军合并。公元23年称帝，年号“更始”。在位三年，为赤眉军所杀

百三十一年。都长安〕

附：西汉诸帝所用年号起讫时间表

帝王	年号	起始时间		终止时间	
		干支	公元	干支	公元
高祖（刘邦）	（未建年号）	乙未	BC206	丙午	BC195
惠帝（刘盈）	（未建年号）	丙午	BC195五	癸丑	BC188
高后（吕雉）	（未建年号）	甲寅	BC187	辛酉	BC180
文帝（刘恒）	前元（此非年号）	辛酉	BC180闰九	丙子	BC165
	后元（此非年号）	丁丑	BC164	甲申	BC157
景帝（刘启）	前元（此非年号）	甲申	BC157六	辛卯	BC150
	中元（此非年号）	壬辰	BC149	丙申	BC145
	后元（此非年号）	戊戌	BC143	庚子	BC141
武帝（刘彻）	建元	辛丑	BC140	丙午	BC135
	元光	丁未	BC134	壬子	BC129
	元朔	癸丑	BC128	戊午	BC123
	元狩	己未	BC122	甲子	BC117
	元鼎	乙丑	BC116	庚午	BC111
	元封	辛未	BC110	丙子	BC105
	太初	丁丑	BC104	庚辰	BC101
	天汉	辛巳	BC100	甲申	BC97
	太始	乙酉	BC96	戊子	BC93
	征和	己丑	BC92	壬辰	BC89
	后元	癸巳	BC88	甲午	BC87
昭帝（刘弗陵）	始元	乙未	BC86	辛丑	BC80七
	元凤	辛丑	BC80八	丙午	BC75
	元平	丁未	BC74二	丁未	BC74六
宣帝（刘询）	元平※	丁未	BC74七	丁未	BC74十二
	本始	戊申	BC73	辛亥	BC70
	地节	壬子	BC69	乙卯	BC66
	元康	丙辰	BC65	庚申	BC61二
	神爵	庚申	BC61三	癸亥	BC58
	五凤	甲子	BC57	丁卯	BC54
	甘露	戊辰	BC53	辛未	BC50
	黄龙	壬申	BC49	壬申	BC49

（续）

帝王	年号	起始时间		终止时间	
		干支	公元	干支	公元
元帝（刘奭）	初元	癸酉	BC48	丁丑	BC44
	永光	戊寅	BC43	壬午	BC39
	建昭	癸未	BC38	丁亥	BC34
	竟宁	戊子	BC33	戊子	BC33 五
成帝（刘骜）	竟宁※	戊子	BC33 六	戊子	BC33 十二
	建始	己丑	BC32	癸巳	BC28 二
	河平	癸巳	BC28 三	丙申	BC25
	阳朔	丁酉	BC24	庚子	BC21
	鸿嘉	辛丑	BC20	甲辰	BC17
	永始	乙巳	BC16	戊申	BC13
	元延	己酉	BC12	壬子	BC9
	绥和	癸丑	BC8	甲寅	BC7 四
哀帝（刘欣）	绥和※	甲寅	BC7 四	甲寅	BC7 十二
	建平	乙卯	BC6	戊午	BC3
	元寿	己未	BC2	庚申	BC1 九
平帝（刘衎）	元寿※	庚申	BC1 九	庚申	BC1 十二
	元始	辛酉	公元 1	乙丑	5
孺子刘婴	居摄	丙寅	6	戊辰	8 十一
	初始	戊辰	8 十一	戊辰	8 十一
王莽（改国号为“新”）	初始※	戊辰	8 十一	戊辰	8 十二
	始建国	己巳	9	癸酉	13
	天凤	甲戌	14	己卯	19
	地皇	庚辰	20	癸未	23 九
刘玄	更始	癸未	23 二	乙酉	25 九

说明：右上角画※号的年号，为嗣位帝王所沿用的前代帝王的年号；“公元”栏内年代后面的汉字数字如“四”、“六”、“九”等，系指月份）

八、东汉世系

姓名	世系	庙号与谥号	陵寝	生卒年		
				生年	卒年	享年
刘秀	南阳蔡阳人，汉高祖九世孙，父刘钦为南顿令	世祖光武皇帝	原陵	BC6	公元57	六四
刘庄	光武帝第四子，母阴皇后	显宗孝明皇帝	显节陵	公元28	75	四八
刘炟	明帝第五子，母贾贵人	肃宗孝章皇帝	敬陵	58	88	三一
刘肇	章帝第四子，母梁贵人	穆宗孝和皇帝	慎陵	79	105	二七
刘隆	和帝少子	孝殇皇帝	康陵	105	106	二
刘祜	章帝孙，和帝侄，父清河孝王刘庆	恭宗孝安皇帝	恭陵	94	125	三二
刘保	安帝子，母李氏	敬宗孝顺皇帝	宪陵	115	144	三〇

（公元 25 年——220 年）

在位时间与即位年龄				所用年号	备　注
起始年	终止年	年限	即位年龄		
公元 25	57	三三	三二	建武、建武中元	新莽末年起兵，公元 25 年称帝，定都洛阳
57	75	十九	三〇	建武中元※、永平	以太子嗣位
75	88	一四	一八	永平※、建初、元和、章和	以太子嗣位
88	105	十八	一〇	章和※、永元、元兴	以太子嗣位
105	106	一	一	延平	即位时，生仅三个月；在位时间实八个月
106	125	二〇	一三	延平※、永初、元初、永宁、建光、延光	殇帝死，邓太后（和帝皇后）策迎刘祜进宫，为和帝嗣
125	144	二〇	一一	延光※、永建、阳嘉、永和、汉安、建康	原封太子，后被谄废为济阴王，安帝死，宦官孙程立以为帝

姓 名	世 系	庙号与谥号	陵寝	生 卒 年		
				生年	卒年	享年
刘炳	顺帝子，母虞贵人	孝冲皇帝	怀陵	143	145	三
刘缵	章帝玄孙，父渤海孝王刘鸿，母陈夫人	孝质皇帝	静陵	138	146	九
刘志	章帝曾孙，父蠡吾侯刘翼，母匽氏	威宗孝桓皇帝	宣陵	132	167	三六
刘宏	章帝玄孙，父解渎亭侯刘苌	孝灵皇帝	文陵	156	189	三四
刘辩	灵帝子，母何皇后	（废）少帝		175	190	一六
刘协	灵帝中子，母王美人	孝献皇帝	禅陵	181	234	五四

〔东汉十三帝、十三传，历一百九十六年，都洛阳〕

（续）

在位时间与即位年龄				所用年号	备　注
起始年	终止年	年限	即位年龄		
144	145	一	二	建康※、永嘉	在位时间实五个月（以皇太子嗣位）
145	146	二	八	永嘉※、本初	冲帝死，梁太后与大将军梁冀密谋迎刘缵进宫，封建平侯，即位
146	167	二二	一五	本初※、建和、和平、元嘉、永兴、永寿、延熹、永康	质帝死，梁太后与大将军梁冀密谋迎刘志，立为帝
168	189	二二	十三	建宁、熹平、光和、中平	桓帝死，无子，窦太后与窦武迎刘宏即位，窦太后临朝
189	189	一	十五	光熹、昭宁	189年九月，董卓废刘辩为弘农王，190年使郎中令李儒鸩杀之
189	220	三二	九	永汉、中平※、初平、兴平、建安、延康	由董卓拥立即位。220年十月，曹丕代汉称帝，废献帝为山阳公

附：东汉诸帝所用年号起讫时间表

帝王	年号	起始时间		终止时间	
		干支	公元	干支	公元
光武帝(刘秀)	建武	乙酉	25六	丙辰	56四
	建武中元	丙辰	56四	丁巳	57二
明帝(刘庄)	建武中元※	丁巳	57二	丁巳	57十二
	永平	戊午	58	乙亥	75八
章帝(刘炟)	永平※	乙亥	75八	乙亥	75十二
	建初	丙子	76	甲申	84八
	元和	甲申	84八	丁亥	87七
	章和	丁亥	87七	戊子	88二
和帝(刘肇)	章和※	戊子	88二	戊子	88十二
	永元	己丑	89	乙巳	105三
	元兴	乙巳	105四	乙巳	105十二
殇帝(刘隆)	延平	丙午	106	丙午	106七
安帝(刘祜)	延平※	丙午	106八	丙午	106十二
	永初	丁未	107	癸丑	113
	元初	甲寅	114	庚申	120四
	永宁	庚申	120四	辛酉	121六
	建光	辛酉	121七	壬戌	122三
	延光	壬戌	122三	乙丑	125
顺帝(刘保)	延光※	乙丑	125十一	乙丑	125十二
	永建	丙寅	126	壬申	132三
	阳嘉	壬申	132三	乙亥	135
	永和	丙子	136	辛巳	141
	汉安	壬午	142	甲申	144四
	建康	甲申	144四	甲申	144八

（续）

帝　王	年　号	起始时间		终止时间	
		干支	公元	干支	公元
冲帝（刘炳）	建康※	甲申	144 八	甲申	144 十二
	永嘉	乙酉	145 一	乙酉	145 一
质帝（刘缵）	永嘉※	乙酉	145 一	乙酉	145 十二
	本初	丙戌	146	丙戌	146 六
桓帝（刘志）	本初※	丙戌	146 闰六	丙戌	146 十二
	建和	丁亥	147	己丑	149
	和平	庚寅	150	庚寅	150
	元嘉	辛卯	151	癸巳	153 五
	永兴	癸巳	153 五	甲午	154
	永寿	乙未	155	戊戌	158 六
	延熹	戊戌	158 六	丁未	167 六
	永康	丁未	167 六	丁未	167 十二
灵帝（刘宏）	建宁	戊申	168	壬子	172 五
	熹平	壬子	172 五	戊午	178 三
	光和	戊午	178 三	甲子	184 十一
	中平	甲子	184 十二	己巳	189 四
献帝（刘协）	永汉	己巳	189 九	己巳	189 十二
	中平※	己巳	189 十二	己巳	189 十二
	初平	庚午	190	癸酉	193
	兴平	甲戌	194	乙亥	195
	建安	丙子	196	庚子	220 一
	延康	庚子	220 一	庚子	220 十

九、三国魏世系

姓名	世系	庙号与谥号	陵寝	生卒年		
				生年	卒年	享年
曹丕	魏武帝曹操次子，母卞氏	世祖文皇帝	首阳陵	187	226	四〇
曹叡	文帝子，母甄夫人	烈祖明皇帝	高平陵	205	239	三五
曹芳	明帝养子，封齐王，后立为太子	(废帝)邵陵厉公		231	274	四四
曹髦	文帝孙，东海定王曹霖之子	高贵乡公		241	260	二〇
曹奂	魏武帝曹操之孙，燕王曹宁之子	元皇帝		246	302	五七

〔魏五帝五传，历四十六年，都洛阳〕

十、三国蜀世系

姓名	世系	庙号与谥号	陵寝	生卒年		
				生年	卒年	享年
刘备	涿郡涿县人，汉景帝子中山靖王刘胜之后，父刘弘	先主昭烈皇帝	惠陵	161	223	六三
刘禅	刘备子，小字阿斗	后主		207	271	六五

〔蜀汉二帝二传，历四十三年，都成都，灭于魏〕

十一、三国吴世系

姓名	世系	庙号与谥号	陵寝	生卒年		
				生年	卒年	享年
孙权	吴郡富春人，孙坚子，孙策弟	太祖大皇帝	蒋陵	182	252	七一
孙亮	孙权少子	会稽王		243	260	十八
孙休	孙权第六子	景皇帝	定陵	235	264	三〇
孙皓	孙权孙，孙和子	末帝(归命侯)		242	283	四二

〔吴四帝四传，历五十九年(自孙权改元黄武起)都建业〕

(220—265 年)

在位时间与即位年龄				所用年号	备　注
起始年	终止年	年限	即位年龄		
220	226	七	三四	黄初	曹操死，袭位为丞相、魏王，同年十月废献帝，代汉称帝
226	239	十四	二二	黄初※、太和、青龙、景初	以太子嗣位
239	254	十六	九	景初※、正始、嘉平	254 年被司马师废为齐王，后封邵陵厉公
254	260	七	一四	正元、甘露	206 年率宿卫数百人攻司马昭，兵败为昭所杀
260	265	六	一五	景元、咸熙	高贵乡公死后，由公卿迎立为帝，后司马炎代魏称帝，废为陈留王

(221—263 年)

在位时间与即位年龄				所用年号	备　注
起始年	终止年	年限	即位年龄		
221	223	三	六一	章武	汉末起兵镇压黄巾，208 年败曹操于赤壁，得荆州；214 年取益州，旋得汉中；221 年称帝，国号汉
223	263	四一	一七	建兴、延熙、景耀、炎兴	263 年，魏将邓艾、钟会攻蜀汉，十一月围成都，刘禅出降，蜀亡

(222—280 年)

在位时间与即位年龄				所用年号	备　注
起始年	终止年	年限	即位年龄		
229	252	二四	四八	黄武、黄龙、嘉禾、赤乌、太元、神凤	221 年受曹丕封号为吴王，次年改元黄武，229 年称帝于武昌
252	258	七	十	建兴、五凤、太平	258 年被丞相孙綝废为会稽王，旋自杀
258	264	七	二四	永安	孙綝废孙亮，迎琅邪王孙休为帝
264	280	一七	二三	元兴、甘露、宝鼎、建衡、凤凰、天册、天玺、天纪	孙休死，张布等迎立乌程侯孙皓，280 年降晋，吴亡

附：三国魏、蜀、吴诸帝所用年号起讫时间表

国号	帝王	年号	起始时间		终止时间	
			干支	公元	干支	公元
魏	文帝(曹丕)	黄初	庚子	220十	丙午	226五
	明帝(曹叡)	黄初※	丙午	226五	丙午	226十二
		太和	丁未	227	癸丑	233一
		青龙	癸丑	233二	丁巳	237二
		景初	丁巳	237三	己未	239一
	邵陵厉公(曹芳)	景初※	己未	239一	己未	239十二
		正始	庚申	240	己巳	249四
		嘉平	己巳	249四	甲戌	254十
	高贵乡公(曹髦)	正元	甲戌	254十	丙子	256五
		甘露	丙子	256六	庚辰	260五
	元帝(曹奂)	景元	庚辰	260六	甲申	264五
		咸熙	甲申	264五	乙酉	265
蜀汉	昭烈帝(刘备)	章武	辛丑	221四	癸卯	223四
	后主(刘禅)	建兴	癸卯	223四	丁巳	237
		延熙	戊午	238	丁丑	257
		景耀	戊寅	258	癸未	263七
		炎兴	癸未	263八	癸未	263十一

（续）

国号	帝王	年号	起始时间		终止时间	
			干支	公元	干支	公元
吴	吴大帝（孙权）	黄武	壬寅	222 十	己酉	229 四
		黄龙	己酉	229 四	辛亥	231
		嘉禾	壬子	232	戊午	238 八
		赤乌	戊午	238 九	辛未	251 五
		太元	辛未	251 五	壬申	252 一
		神凤	壬申	252 二	壬申	252 四
	会稽王（孙亮）	建兴	壬申	252 四	癸酉	253
		五凤	甲戌	254	丙子	256 十
		太平	丙子	256 十	戊寅	258 十
	景帝（孙休）	永安	戊寅	258 十	甲申	264 七
	末帝（孙皓）	元兴	甲申	264 七	乙酉	265 三
		甘露	乙酉	265 四	丙戌	266 七
		宝鼎	丙戌	266 八	己丑	269 九
		建衡	己丑	269 十	辛卯	271
		凤凰	壬辰	272	甲午	274
		天册	乙未	275	丙申	276 六
		天玺	丙申	276 七	丙申	276 十二
		天纪	丁酉	277	庚子	280 三

十二、西晋世系

姓名	世系	庙号与谥号	陵寝	生卒年		
				生年	卒年	享年
司马炎	河内温县人，司马懿孙，司马昭长子	世祖武皇帝	峻阳陵	236	290	五五
司马衷	武帝第二子，母杨皇后	孝惠皇帝	太阳陵	259	306	四八
司马炽	武帝第二十五子	孝怀皇帝		284	313	三〇
司马邺	武帝孙，吴孝王司马晏之子	孝愍皇帝		300	317	一八

〔西晋四帝四传，历五十二年，都洛阳，316年为匈奴所

(265—316年)

在位时间与即位年龄				所用年号	备　注
起始年	终止年	年限	即位年龄		
265	290	二六	三〇	泰始、咸宁、太康、太熙	265年十二月代魏建晋,279年发兵攻吴,280年初灭吴
290	306	一七	三二	永熙、永平、元康、永康、永宁、太安、永安、建武、永安、永兴、光熙	九岁立为皇太子,甚愚,武帝欲废之,遭杨皇后反对,未果,后即位为帝,贾皇后掌权,酿成八王之乱,帝被毒杀
306	313	八	二三	光熙※、永嘉	惠帝死后,被司马越立为帝。311年刘曜攻破洛阳,怀帝被执赴平阳,313年被杀
313	316	四	一四	建兴	311年,怀帝被刘曜所执,翌年贾疋拥立邺为皇太子,次年怀帝被杀,邺即位于长安。316年八月,刘曜攻长安,帝出降,西晋亡

建之汉国(前赵)所灭〕

十三、东晋世系

姓名	世系	庙号与谥号	陵寝	生卒年		
				生年	卒年	享年
司马睿	司马懿曾孙，琅邪恭王司马觐之子	中宗元皇帝	建平陵	276	322	四七
司马绍	元帝长子	肃祖明皇帝	武平陵	299	325	二七
司马衍	明帝长子	显宗成皇帝	兴平陵	321	342	二二
司马岳	成帝之弟	康皇帝	崇平陵	323	344	二二
司马聃	康帝子	孝宗穆皇帝	永平陵	343	361	一九
司马丕	成帝长子	哀皇帝	安平陵	341	365	二五
司马奕	成帝子，哀帝弟	（废帝）海西公		342	386	四五
司马昱	元帝少子	太宗简文皇帝	高平陵	321	372	五二
司马曜	简文帝第三子	烈宗孝武皇帝	隆平陵	362	396	三五
司马德宗	孝武帝长子	安皇帝	休平陵	382	418	三七
司马德文	孝武帝子，安帝弟	恭皇帝	冲平陵	385	421	三七

〔东晋十一帝十一传，历一百零四年，都建康。420年六月，

(317—420年)

在位时间与即位年龄				所用年号	备注
起始年	终止年	年限	即位年龄		
317	322	六	四二	建武、大兴、永昌	十五岁嗣父爵琅邪王,317年三月在建康称晋王,次年即帝位
322	325	四	二四	永昌※、太宁	以皇太子嗣位
325	342	一八	五	太宁※、咸和、咸康	325年被立为皇太子,同年嗣位
342	344	三	二〇	咸康※、建元	成帝时封吴王,后徙琅邪王,成帝病,诏岳为嗣
344	361	十八	二	建元※、永和、升平	帝幼冲,太后临朝,357年亲政,时年十五岁
361	365	五	二一	升平※、隆和、兴宁	穆帝死后,被皇太后立为帝
365	371	七	二四	兴宁※、太和	哀帝死后,被皇太后立为帝,371年十一月,被桓温废为海东王;372年又降为海西县公
371	372	二	五一	咸安	322年受封为琅邪王,后徙封会稽王。桓温废司马奕,立昱为帝
372	396	二五	一一	咸安※、宁康、太元	365年封会稽王;372年立为皇太子,同年嗣位
396	418	二三	一五	太元※、隆安、元兴、大亨、义熙	帝痴呆,不辨寒暑,由司马道子摄政
418	420	三	三四	元熙	安帝死,刘裕称奉遗诏迎立为帝,420年六月,刘裕逼帝让位,废以为零陵王,东晋亡,次年被杀

刘裕废恭帝,建宋,南朝始〕

附：两晋诸帝所用年号起讫时间表

帝王	年号	起始时间		终止时间	
		干支	公元	干支	公元
武帝(司马炎)	泰始	乙酉	265 十二	甲午	274
武帝(司马炎)	咸宁	乙未	275	庚子	280 四
武帝(司马炎)	太康	庚子	280 四	己酉	289
武帝(司马炎)	太熙	庚戌	290 一	庚戌	290 四
惠帝(司马衷)	永熙	庚戌	290 四	庚戌	290 十二
惠帝(司马衷)	永平	辛亥	291 一	辛亥	291 三
惠帝(司马衷)	元康	辛亥	291 三	己未	299
惠帝(司马衷)	永康	庚申	300	辛酉	301 四
惠帝(司马衷)	永宁	辛酉	301 四	壬戌	302 十一
惠帝(司马衷)	太安	壬戌	302 十二	癸亥	303
惠帝(司马衷)	永安	甲子	304 一	甲子	304 七
惠帝(司马衷)	建武	甲子	304 七	甲子	304 十一
惠帝(司马衷)	永安	甲子	304 十一	甲子	304 十二
惠帝(司马衷)	永兴	甲子	304 十二	丙寅	306 六
惠帝(司马衷)	光熙	丙寅	306 六	丙寅	306 十一
怀帝(司马炽)	光熙※	丙寅	306 十一	丙寅	306 十二
怀帝(司马炽)	永嘉	丁卯	307	癸酉	313 四
愍帝(司马邺)	建兴	癸酉	313 四	丁丑	317 三
元帝(司马睿)	建武	丁丑	317 三	戊寅	318 三
元帝(司马睿)	大兴	戊寅	318 三	辛巳	321
元帝(司马睿)	永昌	壬午	322	壬午	322 闰十一
明帝(司马绍)	永昌※	壬午	322 闰十一	癸未	323 三
明帝(司马绍)	太宁	癸未	323 三	乙酉	326 闰八

（续）

帝王	年号	起始时间		终止时间	
		干支	公元	干支	公元
成帝（司马衍）	太宁※	乙酉	325 闰八	丙戌	326 二
	咸和	丙戌	326 二	甲午	334
	咸康	乙未	335	壬寅	342 六
康帝（司马岳）	咸康※	壬寅	342 六	壬寅	342 十二
	建元	癸卯	343	甲辰	344 九
穆帝（司马聃）	建元※	甲辰	344 九	甲辰	344 十二
	永和	乙巳	345	丙辰	356
	升平	丁巳	357	辛酉	361 五
哀帝（司马丕）	升平*	辛酉	361 五	辛酉	361 十二
	隆和	壬戌	362	癸亥	363 二
	兴宁	癸亥	363 二	乙丑	365 二
废帝（海西公）（司马奕）	兴宁*	乙丑	365 二	乙丑	365 十二
	太和	丙寅	366	辛未	371 十一
简文帝（司马昱）	咸安	辛未	371 十一	壬申	372 六
孝武帝（司马曜）	咸安※	壬申	372 七	壬申	372 十二
	宁康	癸酉	373	乙亥	375
	太元	丙子	376	丙申	396 九
安帝（司马德宗）	太元※	丙申	396 九	丙申	396 十二
	隆安	丁酉	397	辛丑	401
	元兴	壬寅	402	甲辰	404
	大亨（注）	壬寅	402 三	壬寅	402 十二
	义熙	乙巳	405	戊午	418
恭帝（司马德文）	元熙	己未	419	庚申	420 六

注：大亨：402 年三月复称隆安六年，寻改年号为大亨。次年又改称元兴二年。

十四、十六国

（一）汉（前赵）世系（304—329年）

姓名	世系	庙号与谥号	陵寝	生卒年		
				生年	卒年	享年
刘渊	新兴县匈奴人，呼韩邪单于之后，曹魏时改姓刘，祖父为南匈奴单于，父刘豹为匈奴左部帅	高祖光文皇帝	永光陵	?	310	
刘聪	刘渊第四子	烈宗昭武皇帝	宣光陵	?	318	
刘粲	刘聪子	隐皇帝		?	318	
刘曜	刘渊侄。少孤，由刘渊收养			?	329	

〔前赵传四主，历二十六年，都平阳（今山西临汾西北），迁长

世系

在位时间与即位年龄				所用年号	备注
起始年	终止年	年限	即位年龄		
304	310	七		元熙、永凤、河瑞	西晋太康末为北部都尉，后为建威将军、五部大都督，受晋封为汉光乡侯，后起兵反晋，304 年称汉王，308 年十月称帝，迁都平阳
310	318	九		光兴、嘉平、建元、麟嘉	刘渊死，太子刘和即位，刘聪杀兄夺位。311 年，派刘曜攻破洛阳，俘晋怀帝；316 年，派刘曜破长安，俘晋愍帝，灭西晋
318七	318九	一		汉昌	以皇太子总摄朝政，318 年七月即帝位。九月，为大将军、录尚书事靳准所杀
318	329	十二		光初	靳准杀刘粲夺帝位，曜率兵攻准，被太保呼延晏等拥立为帝，进军平阳，尽杀靳氏，迁都长安，改汉为赵，史称前赵，后被石勒所杀

安，统治地区有今陕西渭水流域及山西、河南、甘肃各一部分〕

(二) **成汉世系**（304—347年）

姓名	世系	庙号与谥号	陵寝	生卒年		
				生年	卒年	享年
李雄	氐族人，李特子，巴西宕渠人	太宗武皇帝	安都陵	274	334	六一
李班	李雄之兄李荡子	戾太子		288	334	四七
李期	李雄第四子	幽公哀皇帝		314	338	二五
李寿	李特弟李骧少子	中宗昭文皇帝	安昌陵	300	343	四四
李势	李寿长子			?	361	

〔成汉传五主，历四十四年，都成都。347年为东晋桓温

在位时间与即位年龄				所用年号	备　注
起始年	终止年	年限	即位年龄		
304	334	三一	三一	建兴、晏平、玉衡	301 年，其父李特在绵竹率流民起义反晋，李特战死，李雄继为帅，304 年取成都，称成都王，306 年称帝，国号成、成汉，或称前蜀
334	334	一	四七	玉衡※	被李雄立为太子，334 年六月即位，十月被李雄之子李越所杀，在位不及半年
335	338	四	二二	玉衡※、玉恒	李越杀李班后，被拥立为帝，帝暴戾骄虐，大臣多不自安。338 年四月，汉王李寿拥兵矫太后令，废李期为邛都县公，五月，期自缢
338	343	六	三九	汉兴	李期即位后被封为汉王，338 年矫太后令，废李期为邛都县公，自立为帝
343	347	五		汉兴※、太和、嘉宁	347 年三月晋征西将军桓温攻成都，李势降，361 年死于建康

所灭〕

（三）前凉世系（314—376年）

姓名	世　　系	庙号与谥号	陵寝	生卒年		
				生年	卒年	享年
张寔	张轨长子	高祖昭王	宁陵	271	320	五〇
张茂	张轨子，张寔之母弟	太宗成王		277	324	四八
张骏	张寔子，张茂侄	世祖文王	大陵	307	346	四〇
张重华	张骏第二子	世祖桓王	显陵	327	353	二七
张祚	张骏之长庶子、张重华之兄	威王	愍陵	?	355	
张玄靓	张重华少子	冲王		350	363	一四
张天锡	张骏少子，重华弟			?	?	

〔前凉共传七主，历六十三年，公元376年为前秦所灭。

在位时间与即位年龄				所用年号	备　注
起始年	终止年	年限	即位年龄		
314	320	七	四四	建兴*（用西晋愍帝年号）	301年，西晋任张轨为凉州刺史，轨保据一方。314年轨病死，其子张寔继之，317年西晋灭亡，张氏以姑臧为中心世守凉州
320	324	五	四四	建兴*（用西晋愍帝年号）	320年六月，张寔被部下杀害，寔子骏年幼，茂袭平西将军行都督凉州诸军事、护羌校尉、凉州牧、西平公
324	346	二三	一八	建兴*（用西晋愍帝年号）	张茂摄位，立骏为抚军将军、武威太守、西平公世子，茂死，无子，张骏立，于345年称假凉王
346	353	八	二〇	建兴*（用西晋愍帝年号），又作永乐	以世子嗣位
354	355	二		和平	张重华死，其幼子灵曜嗣立，张祚以其年幼，废以为宁凉侯，自立为大将军、凉州牧、凉公，后为其臣下所杀
355	363	九	六	建兴*、升平*（用东晋穆帝年号）	张祚死，玄靓被推为凉州牧、西平公，后被其叔张天锡所杀
363	376	一四			363年杀张玄靚，自立为凉州牧、西平公，376年降于前秦，前凉亡

其统治地区有今甘肃西部、新疆东部、宁夏西部〕

（四）后赵世系（319—351 年）

姓名	世　系	庙号与谥号	陵　寝	生卒年		
				生年	卒年	享年
石勒	上党武乡人，羯族，父周曷米，一名乞翼加，部落小帅	高祖明皇帝	高平陵	274	333	六〇
石弘	石勒第二子			314	335	二二
石虎	石勒之侄	太祖武皇帝	显原陵	295	349	五五
石鉴	石虎子			?	350	
石祗	石虎子			?	351	

〔后赵共传五主，历三十三年，定都襄国，后迁都于邺。统肃、辽宁一部。351 年为冉闵所灭〕

在位时间与即位年龄				所用年号	备　注
起始年	终止年	年限	即位年龄		
319	333	一五	四六	太和、建平	起兵后投奔前赵，为刘渊大将，319 年自称大单于，定都襄国。330 年改称大赵天王，同年改称皇帝
333	334	二	二〇	建平※、延熙	石勒称帝后立为太子，即位后，石虎自为丞相、魏王、大单于，总摄朝政，334 年十一月，石虎废弘为海阳王，寻杀之
334	349	一六	四〇	延熙※、建武、太宁	334 年废石弘，自立为帝，称大赵天王，349 年改称皇帝，335 年九月迁都于邺
349	350	一		青龙	349 年十一月，石闵（石虎养孙，汉人）废杀石遵，立石鉴。闵为大将军录尚书事，次年正月，闵改国号为卫，易姓李，杀石鉴及石虎子孙二十余人，石氏几尽，闵自立为帝，又改国号为魏，复其原姓冉，史称其国为“冉魏”，石鉴在位，实一百零三日
350	351	二		永宁	石鉴被杀，石祗于 350 年三月自立为帝，起兵讨冉闵，战败，于四月为部将刘显所杀，后赵亡

治地区有今河北、山西、山东、河南、陕西和江苏、安徽、甘

（五）**前燕世系**（337—370 年）

姓名	世系	庙号与谥号	陵寝	生卒年		
				生年	卒年	享年
慕容皝	昌黎棘城人，鲜卑族，慕容廆第三子	太祖文明皇帝	龙平陵	297	348	五二
慕容儁	慕容皝第二子	烈祖景昭皇帝	龙陵	319	360	四二
慕容暐	慕容儁第三子	幽皇帝		327	371	四五

〔前燕传三主，历三十四年，都龙城（今辽宁朝阳），后迁区有今河北、山东、山西、河南、安徽、江苏、辽宁之大部。370

在位时间与即位年龄				所用年号	备　　注
起始年	终止年	年限	即位年龄		
337	348	一二	四一		西晋灭亡后，慕容廆自称大单于，在辽河流域建立政权。其子慕容皝嗣位于 333 年，337 年自称燕王，于 342 年迁都龙城
348	360	一三	三〇	元玺、光寿	慕容皝立以为世子，皝死，嗣位，受东晋穆帝册封，为使持节中外大都督、大将军、大单于、燕王。350 年攻克蓟城而迁都于蓟。352 年灭冉闵，同年称帝，后迁都于邺
360	370	一一	三四	建熙	慕容儁立以为皇太子，后嗣位。370 年十一月，苻坚攻入邺城，暐外逃被俘，前燕亡，后被苻坚所杀

都于蓟（今河北蓟县），再迁于邺（今河北临漳西南）。统治地
年为前秦所灭〕

（六）**前秦世系**（350—394 年）

姓名	世　系	庙号与谥号	陵寝	生卒年		
				生年	卒年	享年
苻　洪	略阳临渭人，氐族，原姓蒲，后改姓苻。先世世为部落小帅。父怀归，母姜氏	太祖惠武皇帝		285	350	六六
苻　健	苻洪第三子，母姜氏	世宗明皇帝	原陵	317	355	三九
苻　生	苻健第三子	厉王		334	357	二四
苻　坚	父苻雄，祖苻洪	世祖宣昭皇帝		338	385	四八
苻　丕	苻坚长子	哀平皇帝		?	386	
苻　登	苻坚之族孙，父苻敞	太宗高皇帝		343	394	五二

〔前秦传六主，历四十四年，为氐族所建政权，都长安，统江苏、安徽、湖北、辽宁之大部。394 年为后秦所灭〕

在位时间与即位年龄				所用年号	备　注
起始年	终止年	年限	即位年龄		
350	350	一	六六		西晋末，被氐族各部落推为盟主，后被前赵刘曜封为氐王，后又受后赵封号。以石遵削其职而降晋。350年，苻洪自称大都督、大将军、大单于、三秦王，改姓苻。同年三月，被其军师将军麻秋毒死
350	355	六	三四	皇始	即位前斩麻秋，旋嗣位，翌年（351年），占关中，据长安，称天王、大单于，国号大秦，改元皇始。翌年称帝，都长安
355	357	三	二二	寿光	即位后嗜酒残暴，肆行杀戮，357年六月，被苻健侄东海王苻坚废以为越王，旋被杀
357	385	二九	二〇	永兴、甘露、建元	杀苻生后嗣位，370年灭前燕，376年灭前凉，统一中国北部。383年八月，亲率大军攻东晋，败于淝水。北方各族纷纷自立，中国北部再度分裂。385年，慕容冲围攻长安，苻坚出逃，被姚苌俘获后缢死
385	386	二		太安	385年七月苻坚败死，八月，丕在晋阳称帝。次年，与鲜卑人慕容永激战于襄陵，惨败，后又败于晋将冯该，被杀（时当386年十月）
386	394	九	四四	太初	苻丕败死，诸将拥立苻登。394年，为姚苌子姚兴所败，旋被杀，其子苻崇奔逃于湟中嗣位，当年被西秦乞伏乾归逐杀。前秦亡

治地区有河北、山西、山东、陕西、甘肃、河南、四川、贵州、

(七)后秦世系(384—417年)

姓名	世　系	庙号与谥号	陵寝	生卒年		
				生年	卒年	享年
姚苌	南安赤亭人,羌族。父姚弋仲,兄姚襄	太祖武昭皇帝	原陵	330	393	六四
姚兴	姚苌长子	高祖文桓皇帝	偶陵	366	416	五一
姚泓	姚兴长子			388	417	三〇

〔后秦传三主,历三十四年,都长安,国号秦,为羌族人

(八)后燕世系(384—407年)

姓名	世　系	庙号与谥号	陵寝	生卒年		
				生年	卒年	享年
慕容垂	昌黎棘城人,鲜卑族。前燕慕容皝第五子	世祖成武皇帝	宣平陵	326	396	七一
慕容宝	慕容垂第四子	烈宗惠愍皇帝		355	398	四四
慕容盛	慕容宝庶长子	中宗昭武皇帝	兴平陵	373	401	二九
慕容熙	慕容垂少子	昭文皇帝	徽平陵	385	407	二三

〔后燕传四帝,历二十四年,都中山(今河北定县),为鲜

辽宁一部。407年为北燕所灭〕

在位时间与即位年龄				所用年号	备　注
起始年	终止年	年限	即位年龄		
384	394	一一	五五	白雀、建初	其兄为苻坚所杀，姚苌率诸弟降于苻坚。苻坚伐晋，以姚苌为龙骧将军，都督益、凉州诸军事。384年，苌自称大将军、大单于、万年秦王。386年称帝，都长安，国号秦
394	416	二三	二九	皇初、弘始	以皇太子嗣位
416	417	二	二九	永和	416年，东晋太尉刘裕乘姚兴新丧而举兵北伐，攻克洛阳。次年攻占长安，生俘姚泓至建康而杀之，后秦亡

所建政权。统治地区有今陕西、甘肃、宁夏及山西一部分〕

在位时间与即位年龄				所用年号	备　注
起始年	终止年	年限	即位年龄		
384	396	一三	五九	燕元、建兴	原为前秦大将，苻坚惨败于淝水之战后，慕容垂即图谋恢复燕国，于384年称燕王，两年后称帝，定都于中山
396	398	三	四二	永康	以太子嗣位。398年四月，为部下鲜卑贵族兰汗所杀
398	401	四	二六	建平、长乐	398年四月即位，杀兰汗。称长乐王，同年十月称帝。400年，去帝号，改称庶民天王。401年被部下射伤，寻死
401	407	七	十七	光始、建始	慕容盛死，太后废太子，立熙嗣位。407年七月，冯跋杀慕容熙自立，后燕亡

卑族所建政权。统治地区有今河北、山东、山西诸省及河南、

（九）西秦世系（385—431 年）

姓名	世　系	庙号与谥号	陵寝	生卒年		
				生年	卒年	享年
乞伏国仁	陇西乞伏部鲜卑人，父乞伏司繁	烈祖宣烈王		?	388	
乞伏乾归	乞伏国仁之弟	高祖武元王	枹罕元平陵	?	412	
乞伏炽磐	乞伏乾归长子	太祖文昭王	武平陵	?	428	
乞伏暮末	炽磐第二子			?	431	

〔西秦传四主，历四十七年，建都勇士川（今甘肃榆中东北）。系鲜卑人所建政权。以其主世称秦王，故史称之为西秦。

（十）后凉世系（386—403 年）

姓名	世　系	庙号与谥号	陵寝	生卒年		
				生年	卒年	享年
吕光	略阳氐族人，先世世为豪酋，父吕婆楼，佐命苻坚，官至太尉	太祖懿武皇帝	高　陵	338	399	六二
吕纂	吕光庶长子	灵皇帝	白石陵	?	401	
吕隆	吕光弟吕宝之子			?	?	

〔后凉传三主，历十八年。都姑臧（今甘肃武威），统治

在位时间与即位年龄				所用年号	备　注
起始年	终止年	年限	即位年龄		
385	388	四		建义	其父为前秦苻坚之镇西将军。385 年司繁卒，国仁即位，自称大都督、大将军、大单于、领秦河二州牧
388	412	二五		太初、更始	乞伏国仁死后，群臣以其子年幼，乃推国仁弟乾归为大都督，大将军、大单于、河南王，394 年改称秦王。迁都金城，再迁苑川。412 年为兄子乞伏公府所杀
412	428	十七		永康、建弘	乞伏公府杀乾归，炽磐追杀公府而继位，迁都于枹罕。414 年灭南凉。428 年五月病死
428	431	四		永弘	431 年降于夏王赫连定，被杀，西秦亡

北），迁都金城（今甘肃兰州市西），再迁苑川（今甘肃榆中西

统治地区主要是今甘肃西南部〕

在位时间与即位年龄				所用年号	备　注
起始年	终止年	年限	即位年龄		
386	399	一四	四九	太安、麟嘉、龙飞、承康	受苻坚命，以太尉领兵攻略西域，降服三十余国。后闻苻坚为姚苌所杀，于 386 年十月自称使持节、侍中、中外大都督、凉州牧、酒泉公，建元太安。后改称三河王、天王
399	401	三		咸宁	399 年，吕光立太子吕绍为天王，自号太上皇。吕光死，吕纂攻绍，绍自杀，纂即位
401	403	三		神鼎	401 年，吕超杀吕纂，让位于吕隆。隆即位，改元神鼎，为沮渠蒙逊与秃发傉檀所侵逼，于 403 年降于后秦，后凉亡

地区有今甘肃西部、宁夏西部、新疆东部〕

（十一）南凉世系（397—414年）

姓名	世系	庙号与谥号	陵寝	生卒年		
				生年	卒年	享年
秃发乌孤	河西鲜卑族人，秃发氏为鲜卑族拓跋部之一支	烈祖武王		?	399	
秃发利鹿孤	乌孤之弟	康王	西平陵	?	402	
秃发傉檀	利鹿孤之弟	景王		365	415	五一

〔南凉传三主，历十八年。建都廉川堡（今青海乐都东），有今甘肃西部和青海省一部分〕

（十二）南燕世系（398—410年）

姓名	世系	庙号与谥号	陵寝	生卒年		
				生年	卒年	享年
慕容德	昌黎棘城人，鲜卑族，前燕主慕容皝之少子，后燕主慕容垂之弟	世宗献武皇帝	东阳陵	336	405	七〇
慕容超	慕容德之兄北海王慕容纳之子			385	410	二六

〔南燕传二主，历十三年，都广固（今山东益都西北），统河南一部分〕

在位时间与即位年龄				所用年号	备注
起始年	终止年	年限	即位年龄		
397	399	三		太初	传说秃发氏先人寿阗生于被中，鲜卑语谓被为“秃发”，遂以为氏。传至乌孤，始强大，于397年自称大都督、大将军、大单于、平西王，建元太初，都于廉川堡，后坠马死
400	402	三		建和	乌孤死，利鹿孤即位，改称河西王
402	414	十三	三八	弘昌、嘉平	利鹿孤死，嗣位，还都于乐都，改称凉王。414年七月，西秦乞伏炽盘攻陷乐都，傉檀降，南凉亡

迁都于乐都（今青海乐都）、西平（今青海西宁市），统治地区

在位时间与即位年龄				所用年号	备注
起始年	终止年	年限	即位年龄		
398	405	八	六三	燕平、建平	前燕时被封为梁公、范阳王，后燕时封范阳王。北魏陷后燕都城中山后，慕容德率众至邺，又迁滑台，398年称王；400年迁广固，称帝。405年病死
405	410	六	二一	太上	慕容德立以为太子，德死，嗣位。410年为东晋刘裕所败，俘送于建康而杀之。南燕亡

治地区东至海，南滨泗水，西至巨野，北临黄河，有今山东、

（十三）**西凉世系**（400—421年）

姓名	世系	庙号与谥号	陵寝	生卒年		
				生年	卒年	享年
李暠	陇西狄道人，汉族。汉将李广十六世孙，父李昶	太祖昭武王	建世陵	351	417	六七
李歆	李暠第二子			?	420	
李恂	李暠第六子			?	421	

〔西凉传三主，历二十二年，都敦煌（今甘肃敦煌），系

（十四）**夏世系**（407—431年）

姓名	世系	庙号与谥号	陵寝	生卒年		
				生年	卒年	享年
赫连勃勃	匈奴人。匈奴右贤王去卑之后，父卫辰	世祖烈武皇帝	嘉平陵	381	425	四五
赫连昌	勃勃第三子			?	428	
赫连定	勃勃第五子			?	431	

〔夏传三主，历二十五年。都万统（今陕西横山西北），后
区有陕西省和内蒙古一部分。灭于吐谷浑〕

在位时间与即位年龄				所用年号	备　注
起始年	终止年	年限	即位年龄		
400	417	一八	五〇	庚子、建初	后凉末，李暠任敦煌太守。400年自称凉公，年号庚子
417	420	四		嘉兴	暠死，歆嗣位。420年七月与北凉沮渠蒙逊战于蓼泉，兵败被杀
420	421	二		永建	李歆死，恂自立，称凉州刺史，改元永建。次年春，沮渠蒙逊围敦煌，恂自杀。西凉亡

汉人所建政权。统治地区有今甘肃西部一隅〕

在位时间与即位年龄				所用年号	备　注
起始年	终止年	年限	即位年龄		
407	425	一九	二七	龙升、凤翔、昌武、真兴	其父卫辰入居塞内，被苻坚封为西单于，督摄河西诸部，后为北魏拓跋珪所杀。赫连勃勃投奔后秦姚兴。407年拥兵自立，称天王、大单于，建元龙升
425	428	四		承光	以太子嗣位。428年被北魏生俘，封秦王，旋杀之
428	431	四		胜光	昌被北魏生俘，定占据平原，称帝。431年被吐谷浑击败生俘，夏亡

迁安定（今甘肃镇原东南）、平原（今甘肃平凉西北）。统治地

（十五）北燕世系（407—436年）

姓名	世　系	庙号与谥号	陵寝	生卒年		
				生年	卒年	享年
高　云	高句丽王族，慕容宝收以为养子，赐姓慕容			?	409	
冯　跋	长乐信都人，汉族	太祖文成皇帝	长谷陵	?	430	
冯　宏	冯跋弟	昭成皇帝		?	438	

〔北燕共三主，历三十年，都龙城（今辽宁朝阳）。统治

（十六）北凉世系（401—439年）

姓名	世　系	庙号与谥号	陵寝	生卒年		
				生年	卒年	享年
沮渠蒙逊	临松卢水人，匈奴族沮渠部。先世世为沮渠部酋豪	太祖武宣王	元　陵	368	433	六六
沮渠牧健	蒙逊第三子	哀王		?	439	

〔北凉二姓三传（含段业），历四十三年。都张掖（今甘肃张

〔自晋惠帝永兴元年（公元304年）匈奴刘渊称王建汉起，一百三十六年，史称五胡十六国时期。十六国主要是由匈奴、鲜国”。除十六国外，另有冉魏、西燕、代等政权。“十六国”之起，中国进入南朝政权和北朝政权对峙的南北朝时期〕

在位时间与即位年龄				所用年号	备　注
起始年	终止年	年限	即位年龄		
407	409	三		正始	407 年，后燕禁卫军将领冯跋杀燕帝慕容熙，立慕容云（高云）为主，称燕天王，都龙城。409 年十月，为其宠臣离班所杀
409	430	二二		太平	高云被杀，冯跋平定变乱，称天王
430	436	七		太平*、太兴	冯跋病死，宏尽杀跋诸子，乃自立。436 年为北魏所灭，宏走死高丽

地区有今辽宁西南部和河北西北部。灭亡于北魏〕

在位时间与即位年龄				所用年号	备　注
起始年	终止年	年限	即位年龄		
401	433	三三	三四	永安、玄始、承玄、义和	397 年起兵反后凉吕光，拥后凉建康太守段业为凉州牧、建康公。401 年杀段业而自立，称张掖公，都张掖。412 年占姑臧，称河西王。421 年灭西凉，据有凉州全境
433	439	七		永和	蒙逊病死，牧健以太子嗣位。439 年，魏师来伐，势穷请降，被杀。北凉亡

掖)，迁姑臧(今甘肃武威)。统治地区有今甘肃西部。亡于北魏〕

至南宋文帝元嘉十六年（公元 439 年）北魏统一中国北部止，凡

卑、羯、氐、羌五个少数民族上层分子所建，故称“五胡十六

称，盖因北魏崔鸿等所撰《十六国春秋》而得名。自公元 439 年

附一：十六国帝王所用年号起讫时间表

朝代（国名）	帝王	年号	起始时间		终止时间	
			干支	公元	干支	公元
汉（前赵）	刘渊（文帝）	元熙	甲子	304 十	戊辰	308 九
		永凤	戊辰	308 十	己巳	309 一
		河瑞	己巳	309 一	庚午	310 七
	刘聪（武帝）	光兴	庚午	310 七	辛未	311 五
		嘉平	辛未	311 六	乙亥	315 二
		建元	乙亥	315 三	丙子	316 十一
		麟嘉	丙子	316 十一	戊寅	318 七
	刘粲（隐帝）	汉昌	戊寅	318 七	戊寅	318 九
	刘曜	光初	戊寅	318 十	己丑	329 八
成汉	李雄（武帝）	建兴	甲子	304 十	丙寅	306 六
		晏平	丙寅	306 六	庚午	310
		玉衡	辛未	311	甲午	334 六
	李班	玉衡※	甲午	334 六	甲午	334 十
	李期（哀帝）	玉衡※	甲午	334 十	甲午	334 十二
		玉恒	乙未	335	戊戌	338 四
	李寿（文帝）	汉兴	戊戌	338 四	癸卯	343 八
	李势	汉兴※	癸卯	343 八	癸卯	343 十二
		太和	甲辰	344	丙午	346 十
		嘉宁	丙午	346 十	丁未	347 三

（续）

朝代（国名）	帝王	年号	起始时间 干支	起始时间 公元	终止时间 干支	终止时间 公元
前凉（注：前凉用东晋年号"建兴"为东晋愍帝年号，"升平"为东晋穆帝年号）	张寔	建兴*	甲戌	314 五	庚辰	320 六
	张茂	建兴*	庚辰	320 六	甲申	324 五
	张骏	建兴*	甲申	324 五	丙午	346 五
	张重华	建兴*	丙午	346 五	癸丑	353
	张祚	和平	甲寅	354	乙卯	355 九
	张玄靓	建兴*	乙卯	355 闰九	辛酉	361 十一
		升平*	辛酉	361 十二	癸亥	363 八
	张天锡	升平*	癸亥	363 八	丙子	376 八
后赵	石勒	太和	己卯	319 十一	庚寅	330 九
		建平	庚寅	330 九	癸巳	333 七
	石弘	建平*	癸巳	333 七	癸巳	333 十二
		延熙	甲午	334 一	甲午	334 十一
	石虎	延熙*	甲午	334 十一	甲午	334 十二
		建武	乙未	335	戊申	348
		太宁	己酉	349 一	己酉	349 四
	石鉴	太宁*	己酉	349 十一	己酉	349 十二
		青龙	庚戌	350 一	庚戌	350 闰二
	石祗	永宁	庚戌	350 三	辛亥	351 四
前燕	慕容皝		丁酉	337	戊申	348 九
	慕容儁	元玺	己酉	349	丁巳	357 二
		光寿	丁巳	357 二	庚申	360 一
	慕容暐	建熙	庚申	360 一	庚午	370 十一

（续）

朝代（国名）	帝王	年号	起始时间		终止时间	
			干支	公元	干支	公元
前秦	苻洪		庚戌	350 闰二	庚戌	350
	苻健	皇始	辛亥	351	乙卯	355 六
	苻生	寿光	乙卯	355 六	丁巳	357 五
	苻坚	永兴	丁巳	357 六	己未	359 五
		甘露	己未	359 六	甲子	364
		建元	乙丑	365	乙酉	385 八
	苻丕	太安	乙酉	385 八	丙戌	386 十
	苻登	太初	丙戌	386 十一	甲午	394 七
后秦	姚苌	白雀	甲申	384 四	丙戌	386 四
		建初	丙戌	386 四	甲午	394 四
	姚兴	皇初	甲午	394 五	己亥	399 九
		弘始	己亥	399 九	丙辰	416 一
	姚泓	永和	丙辰	416 一	丁巳	417
后燕	慕容垂	燕元	甲申	384	丙戌	386 二
		建兴	丙戌	386 二	丙申	396 四
	慕容宝	永康	丙申	396 四	戊戌	398 四
	慕容盛	建平	戊戌	398 四	戊戌	398 十
		长乐	己亥	399	辛丑	401 八
	慕容熙	光始	辛丑	401 八	丙午	406
		建始	丁未	407 一	丁未	407 七

（续）

朝代（国名）	帝王	年号	起始时间		终止时间	
			干支	公元	干支	公元
西秦	乞伏国仁	建义	乙酉	385 九	戊子	388 六
	乞伏乾归	太初	戊子	388 六	庚子	400 七
		更始	己酉	409 七	壬子	412 八
	乞伏炽磐	永康	壬子	412 八	己未	419
		建弘	庚申	420	戊辰	428 五
	乞伏暮末	永弘	戊辰	428 五	辛未	431 一
后凉	吕光	太安	丙戌	386 十	己丑	389 一
		麟嘉	己丑	389 二	丙申	396 六
		龙飞	丙申	396 六	己亥	399
	吕纂	咸宁	己亥	399 十二	辛丑	401 二
	吕隆	神鼎	辛丑	401 二	癸卯	403 八
南凉	秃发乌孤	太初	丁酉	397	己亥	399
	秃发利鹿孤	建和	庚子	400	壬寅	402 三
	秃发傉檀	弘昌	壬寅	402 三	甲辰	404 二
		嘉平	戊申	408 十一	甲寅	414 七
南燕	慕容德	燕平	戊戌	398	己亥	399
		建平	庚子	400	乙巳	405 十一
	慕容超	太上	乙巳	405 十一	庚戌	410 二

（续）

朝代（国名）	帝王	年号	起始时间		终止时间	
			干支	公元	干支	公元
西凉	李暠	庚子	庚子	400十一	甲辰	404
		建初	乙巳	405	丁巳	417二
	李歆	嘉兴	丁巳	417二	庚申	420七
	李恂	永建	庚申	420九	辛酉	421三
夏	赫连勃勃	龙升	丁未	407六	癸丑	413二
		凤翔	癸丑	413三	戊午	418十一
		昌武	戊午	418十一	己未	419一
		真兴	己未	419二	乙丑	425八
	赫连昌	承光	乙丑	425八	戊辰	428二
	赫连定	胜光	戊辰	428三	辛未	431六
北燕	高云	正始	丁未	407七	己酉	409十
	冯跋	太平	己酉	409十	庚午	430九
	冯宏	太平※	庚午	430九	庚午	430十二
		太兴	辛未	431	丙子	436五
北凉	沮渠蒙逊	永安	辛丑	401六	壬子	412十
		玄始	壬子	412十一	戊辰	428六
		承玄	戊辰	428六	辛未	431六
		义和	辛未	431六	癸酉	433四
	沮渠牧健	永和	癸酉	433四	己卯	439九

附二：十六国兴亡表（附冉魏、西燕）

国名	创建人	民族	兴亡年代（公元）	灭于何国
汉（前赵）	刘渊	匈奴	304—329	后赵
成汉	李雄	巴氐	304—347	东晋
前凉	张寔	汉	314—376	前秦
后赵	石勒	羯	319—351	冉魏
冉魏	冉闵	汉	350—352	前燕
前燕	慕容皝	鲜卑	337—370	前秦
前秦	苻洪	氐	350—394	西秦
后秦	姚苌	羌	384—417	东晋
后燕	慕容垂	鲜卑	384—407	北燕
西燕	慕容泓	鲜卑	384—394	后燕
西秦	乞伏国仁	鲜卑	385—431	夏
后凉	吕光	氐	386—403	后秦
南凉	秃发乌孤	鲜卑	397—414	西秦
南燕	慕容德	鲜卑	398—410	东晋
西凉	李暠	汉	400—421	北凉
夏	赫连勃勃	匈奴	407—431	吐谷浑
北燕	冯跋	汉	407—436	北魏
北凉	沮渠蒙逊	匈奴	401—439	北魏

十五、南北

（一）南朝宋世系（420—479年）

姓名	世系	庙号与谥号	陵寝	生卒年		
				生年	卒年	享年
刘裕	祖籍彭城，迁居京口，汉楚元王刘交之二十一世孙，父刘翘	高祖武皇帝	初宁陵	363	422	六〇
刘义符	武帝长子，母张夫人	少帝		406	424	十九
刘义隆	武帝第三子	太祖文皇帝（中宗景皇帝）	长宁陵	407	453	四七
刘骏	文帝第三子	世祖孝武皇帝	景宁陵	430	464	三五
刘子业	孝武帝长子	前废帝		449	465	十七
刘彧	文帝第十一子	太宗明皇帝	高宁陵	439	472	三四
刘昱	明帝长子	后废帝（苍梧王）		463	477	一五
刘准	明帝第三子	顺皇帝	遂宁陵	469	479	一一

〔南朝宋（又称刘宋）传八帝，历六十年，都建康（今

朝世系

在位时间与即位年龄				所用年号	备注
起始年	终止年	年限	即位年龄		
420	422	三	五八	永初	桓玄篡晋，刘裕起兵败桓玄，迎晋安帝复位，官侍中、车骑将军、开府仪同三司、扬州刺史、录尚书事。后升相国，封宋公，加九锡。420年废晋建宋
422	424	三	十七	永初※、景平	以太子继位，游乐无度，不亲政事。424年五月，被司空徐羡之等废为营阳王，六月被杀
424	453	三〇	十八	元嘉	武帝时封宜都郡王。424年，徐羡之废少帝，八月迎义隆即位
453	464	十二	二四	元嘉※、孝建、大明	文帝欲废太子刘劭，劭起兵杀文帝，嗣立。刘骏遂发兵讨刘劭，杀之，自立为帝
464	465	二	十六	大明※、永光、景和	以太子嗣位，465年十一月，湘东王刘彧令帝近侍寿寂之杀帝
465	472	八	二七	泰始、泰豫	文帝时封淮阳王，后改封湘东王。465年十一月杀废帝即位
472	477	六	十	泰豫※、元徽	以太子嗣位，477年七月，萧道成杀之，贬以为苍梧王
477	479	三	九	升明	文帝时封安成王。477年后废帝被杀，萧道成迎王入朝即皇帝位。479年，萧道成自立为帝，封顺帝为汝阴王，旋杀之，追谥为顺帝

江苏南京市），公元479年为南齐所代〕

（二）南朝齐世系（479—502年）

姓名	世系	庙号与谥号	陵寝	生卒年		
				生年	卒年	享年
萧道成	祖籍东海兰陵，东晋初迁晋陵武进县界内侨置兰陵郡。父萧承之为宋汉中太守，后转南泰山太守、右军将军	太祖高皇帝	泰安陵	427	482	五六
萧赜	高帝长子	世祖武皇帝	景安陵	440	493	五四
萧昭业	武帝文惠太子萧长懋长子	郁林王		474	494	二一
萧昭文	武帝文惠太子第二子	恭王(海陵王)		480	494	一五
萧鸾	高帝萧道成侄，安贞王萧道生子	高宗明皇帝	兴安陵	452	498	四七
萧宝卷	明帝第二子	东昏侯		483	501	一九
萧宝融	明帝第八子	和帝	恭安陵	488	502	一五

〔齐传七帝，历二十四年，都建康（今江苏南京市），502

在位时间与即位年龄				所用年号	备注
起始年	终止年	年限	即位年龄		
479	482	四	五三	建元	以将门子，屡率兵攻伐。宋明帝时，渐被信用，地位始隆，及平桂阳王刘休范之乱，掌握了刘宋军政大权。477 年杀后废帝迎立顺帝，拜司空、录尚书事，后位至相国，封齐王。479 年代宋自立，改国号为齐
482	493	十二	四三	建元※、永明	以皇太子嗣位
493	494	二	二〇	永明※、隆昌	永明十一年，文惠太子死，被立为皇太孙，武帝死，乃嗣位，后为西昌侯萧鸾(高帝侄)所杀，贬号郁林王
494	494	一	一五	延兴	郁林王被杀，萧鸾立以为帝。即位仅数月(494 年七月至十月)，又被萧鸾废为海陵王，旋被杀，谥曰恭
494	498	五	四三	建武、永泰	494 年七月杀郁林王，立恭王。同年十月杀恭王，自立为帝
498	501	四	一六	永泰※、永元	以皇太子嗣位，淫昏嗜杀。雍州刺史萧衍(武帝族弟)起兵攻建康，城中禁卫军倒戈，杀萧宝卷，迎萧衍，废帝为东昏侯
501	502	二	一四	中兴	501 年三月萧衍反，奉以为帝，即位于江陵。在位二年，禅让于梁，齐亡。旋被杀

年亡于梁〕

（三）**南朝梁世系**（502—557年）

姓名	世系	庙号与谥号	陵寝	生卒年		
				生年	卒年	享年
萧衍	南兰陵人，父萧顺之乃齐高帝之族弟	高祖武皇帝	萧脩陵	464	549	八六
萧纲	武帝第三子，昭明太子同母弟	高宗明皇帝（后改称太宗简文皇帝）	庄陵	503	551	四九
萧绎	武帝第七子	世祖元皇帝		508	554	四七
萧方智	元帝第九子	敬皇帝		543	558	一六

〔梁传四帝，历五十六年，都建康（今江苏南京市），557

在位时间与即位年龄				所用年号	备　注
起始年	终止年	年限	即位年龄		
502	549	四八	三九	天监、普通、大通、中大通、大同、中大同、太清	即位前任雍州刺史,镇襄阳。501年起兵攻建康。城中禁卫军杀萧宝卷,迎萧衍。萧衍起兵后,拥立萧宝融为帝。502年初,融逊位于萧衍
549	551	三	四七	太清※、大宝	531年四月昭明太子萧统死。五月,萧纲被立为皇太子。549年侯景攻破台城,梁武帝死。景拥立萧纲即帝位。551年八月,景废帝为晋安王,十月杀之
552	555	四	四五	承圣	551年八月,侯景废简文帝,立豫章王萧栋为帝。同年十一月废之,自立为帝。552年湘东王萧绎发兵讨侯景,景败死,绎称帝于江陵。554年西魏发兵攻梁,十一月入江陵,元帝降,旋被杀
555	557	三	十三	绍泰、太平	554年十一月,西魏克江陵,陈霸先、王僧辩迎梁晋安王萧方智至建康,以太宰承制,寻即帝位。557年十月逊位于陈,梁亡

年亡于陈〕

（四）**南朝陈世系**（557—589年）

姓名	世系	庙号与谥号	陵寝	生卒年		
				生年	卒年	享年
陈霸先	原籍颍川，永嘉时迁居于吴兴长城。父陈文谠	高祖武皇帝	万安陵	503	559	五七
陈蒨	陈霸先兄道谭之长子	世祖文皇帝	永宁陵	522	566	四五
陈伯宗	文帝嫡长子	临海王（废帝）		554	570	一七
陈顼	始兴昭烈王陈道谭第二子，文帝陈蒨之弟	高宗孝宣皇帝	显宁陵	530	582	五三
陈叔宝	宣帝嫡长子	后主炀帝（赠大将军，封长城县公）		553	604	五二

〔陈传五帝，历三十三年，都建康（今江苏南京市），589

在位时间与即位年龄				所用年号	备注
起始年	终止年	年限	即位年龄		
557	559	三	五五	永定	出身乡吏,后以镇压农民起义之功,累官至西江都督、高要太守。侯景叛乱,霸先起兵讨之,破建康,灭侯景。西魏破江陵,梁元帝被杀,霸先立萧方智为帝。557年十月,代梁而自立,改元永定,国号陈
559	566	八	三八	永定※、天嘉、天康	武帝时立为临川王,总军政。武帝子陈昌被西魏执俘于长安,故以犕嗣位
566	568	三	十三	天康※、光大	以皇太子嗣位,年幼,以叔父陈顼为司徒、录尚书事、都督中外诸军事。568年,顼废帝为临海王,自立为帝
568	582	十五	三九	太建	568年十一月废陈伯宗为临海王,寻自立为帝
582	589	八	三〇	太建※、至德、祯明	以皇太子嗣位。荒淫无度,兴土木,宠女色,尚浮华。隋文帝于开皇九年(589年)正月,遣兵伐陈,入建康,擒叔宝,陈亡。604年十一月病死于洛阳,追封长城县公,赠大将军。擅诗词,明人辑有《陈后主集》

年灭于隋〕

附：南朝宋、齐、梁、陈诸帝所用年号起讫时间表

朝代	帝王	年号	起始时间		终止时间	
			干支	公元	干支	公元
宋	武帝刘裕	永初	庚申	420六	壬戌	422五
	少帝义符	永初※	壬戌	422五	壬戌	422十二
		景平	癸亥	423一	甲子	424八
	文帝义隆	元嘉	甲子	424八	癸巳	453四
	孝武帝骏	元嘉※	癸巳	453四	癸巳	453十二
		孝建	甲午	454一	丙申	456
		大明	丁酉	457	甲辰	464五
	废帝子业	大明※	甲辰	464闰五	甲辰	464十二
		永光	乙巳	465一	乙巳	465八
		景和	乙巳	465八	乙巳	465十一
	明帝彧	泰始	乙巳	465十二	辛亥	471
		泰豫	壬子	472	壬子	472四
	后废帝昱	泰豫※	壬子	472四	壬子	472十二
		元徽	癸丑	473一	丁巳	477七
	顺帝准	升明	丁巳	477七	己未	479四
齐	高帝萧道成	建元	己未	479四	壬戌	482三
	武帝赜	建元※	壬戌	482三	壬戌	482十二
		永明	癸亥	483	癸酉	493七
	郁林王昭业	永明※	癸酉	493七	癸酉	493十二
		隆昌	甲戌	494一	甲戌	494七
	海陵王昭文	延兴	甲戌	494七	甲戌	494十
	明帝鸾	建武	甲戌	494十	戊寅	498四
		永泰	戊寅	498四	戊寅	498十二
	东昏侯宝卷	永泰※	戊寅	498七	戊寅	498十二

（续）

朝代	帝王	年号	起始时间		终止时间	
			干支	公元	干支	公元
齐	东昏侯宝卷	永元	己卯	499	辛巳	501 十二
	和帝宝融	中兴	辛巳	501 三	壬午	502 三
梁	武帝萧衍	天监	壬午	502 四	己亥	519
		普通	庚子	520	丁未	527 三
		大通	丁未	527 三	己酉	529 九
		中大通	己酉	529 十	甲寅	534
		大同	乙卯	535	丙寅	546 四
		中大同	丙寅	546 四	丁卯	547 四
		太清	丁卯	547 四	己巳	549 五
	简文帝纲	太清※	己巳	549 五	己巳	549 十二
		大宝	庚午	550	辛未	551 八
	元帝绎	承圣	壬申	552 十一	乙亥	555 四
	敬帝方智	绍泰	乙亥	555 十	丙子	556 九
		太平	丙子	556 九	丁丑	557 十
陈	武帝陈霸先	永定	丁丑	557 十	己卯	559 六
	文帝蒨	永定※	己卯	559 六	己卯	559 十二
		天嘉	庚辰	560	丙戌	566 二
		天康	丙戌	566 二	丙戌	566 四
	废帝伯宗	天康※	丙戌	566 四	丙戌	566 十二
		光大	丁亥	567	戊子	568
	宣帝顼	太建	己丑	569	壬寅	582 一
	后主叔宝	太建※	壬寅	582 一	壬寅	582 十二
		至德	癸卯	583	丙午	586
		祯明	丁未	587	己酉	589 一

（五）北朝北魏世系（386—534年）

姓名	世系	庙号与谥号	陵寝	生卒年		
				生年	卒年	享年
拓跋珪	鲜卑族拓跋部人，祖昭成皇帝（什翼犍），父献明帝，母贺皇后	太祖道武皇帝（烈祖宣武皇帝）	盛乐金陵	371	409	三九
拓跋嗣	道武帝长子，母刘贵人	太宗明元皇帝	云中金陵	392	423	三二
拓跋焘（一名佛貍）	明元帝长子，母杜贵嫔	世祖太武皇帝	云中金陵	408	452	四五
拓跋余	太武帝少子	南安隐王		?	452	
拓跋濬	太武帝嫡孙，拓跋晃（太武帝之长子）长子	高宗文成皇帝	云中金陵	440	465	二六
拓跋弘	文成帝长子，母李贵人	显祖献文皇帝	云中金陵	454	476	二三
元宏	献文帝长子，母李夫人，改姓元	高祖孝文皇帝	长陵	467	499	三三
元恪	孝文帝第二子，母高夫人	世宗宣武皇帝	景陵	483	515	三三

在位时间			即位年龄	所用年号	备　　注
起始年	终止年	年限			
386	409	二四	一六	登国、皇始、天兴、天赐	魏先世曾建代国，376 年为前秦苻坚所灭。386 年拓跋珪重建代国，同年改国号为魏，398 年建都平城，次年称帝
409	423	一五	一八	永兴、神瑞、泰常	409 年十月，道武帝为其子拓跋绍所杀。嗣杀绍，乃即位
423	452	三〇	一六	泰常※、始光、神䴥、延和、太延、太平真君、正平	以皇太子嗣位。452 年二月为宦官宗爱所杀
452	452	一		承平	442 年封吴王，后改封南安王。中常侍宗爱杀太武帝，于 452 年三月矫太后令立南安王，同年十月杀之
452	465	一四	一三	兴安、兴光、太安、和平	宗爱杀南安王，殿中尚书源贺等拥立皇孙濬即位
465	471	七	一二	和平※、天安、皇兴	以皇太子嗣位。471 年传位于太子宏，自为太上皇，后为冯太后鸩杀
471	499	二九	五	延兴、承明、太和	以皇太子即位，年 5 岁，由冯太后临朝。490 年冯太后死，帝亲政。493 年由平城迁都于洛阳
499	515	一七	一七	太和※、景明、正始、永平、延昌	以皇太子嗣位

姓名	世系	庙号与谥号	陵寝	生卒年		
				生年	卒年	享年
元诩	宣武帝第二子，母胡充华	肃宗孝明皇帝	定陵	510	528	一九
元子攸	彭城王元勰第三子，母李妃	敬宗孝庄皇帝	静陵	507	530	二四
元晔	拓跋焘长子太子晃之后	长广王(东海王)		?	532	
元恭	广陵惠王元羽（献文帝拓跋弘之弟）之子	节闵帝		498	532	三五
元朗	太子晃之后，父章武王元融	安定王		513	532	二〇
元修	孝文帝子广平武穆王元怀第三子	孝武皇帝	云陵	510	534	二五

〔自拓跋珪建魏至魏分裂为东魏、西魏，共传十四帝，历洛阳，改姓元〕

（续）

在位时间			即位年龄	所用年号	备注
起始年	终止年	年限			
515	528	一四	六	延昌※、熙平、神龟、正光、孝昌、武泰	以皇太子嗣位，年幼冲，母胡太后临朝，帝后为胡太后鸩杀
528	530	三	二二	建义、永安	即位前，袭封长乐王。528年胡太后杀孝明帝，立临洮王世子钊为帝。尔朱荣废钊，立攸为帝。攸后被尔朱兆所杀
530	531	二		建明	庄帝初年，封以为长广王。530年九月，庄帝杀尔朱荣。十月，尔朱荣之侄尔朱兆占据晋阳立长广王元晔为帝。十二月，尔朱兆入洛阳，杀孝庄帝，次年二月废元晔
531	532	二	三四	普泰	即位前袭爵广陵王。351年尔朱兆、尔朱世隆等废长广王元晔，立恭以为帝。532年四月为高欢所废，寻被鸩杀
531	532	二	一九	中兴	531年高欢起兵讨尔朱氏，十月立元朗为帝，532年四月，废以为安定郡王，十一月杀之
532	534	三	二三	太昌、永兴、永熙	即位前封平阳王。532年四月，高欢废元朗，拥立元修为帝。534年，帝愤高欢专权而西入长安，投奔宇文泰。十月，高欢立清河王世子元善见为帝，是为孝静帝，迁都于邺，自是魏分东西。闰十二月，孝武帝被宇文泰所杀，北魏亡

一百四十九年。初都平城（今山西大同），493年孝文帝迁都于

（六）**北朝东魏世系**（534—550年）

姓名	世　　系	庙号与谥号	陵寝	生卒年		
				生年	卒年	享年
元善见	孝文帝孙，清河文宣王元亶世子，母胡妃	孝静皇帝		524	551	二八

〔东魏传一帝，历十七年，都邺（今河北临漳县西南），

（七）**北朝西魏世系**（534—557年）

姓名	世　　系	庙号与谥号	陵寝	生卒年		
				生年	卒年	享年
元宝炬	孝文帝孙，京兆王元愉之子，母杨氏	文皇帝	永陵	507	551	四五
元钦	文皇帝长子，母乙皇后	废帝		?	?	
元廓	文帝第四子	恭帝		?	557	

〔西魏传三帝，历二十四年，都长安。557年灭于北周〕

在位时间			即位年龄	所用年号	备注
起始年	终止年	年限			
534	550	一七	一一	天平、元象、兴和、武定	534年，北魏孝武帝愤高欢专权，奔长安。高欢另立元善见为帝，迁都于邺，史称东魏。高欢、高澄、高洋父子相继擅权。550年五月，高洋代魏称帝，封元善见为中山王，次年十二月杀之。东魏亡

550年亡于北齐〕

在位时间			即位年龄	所用年号	备注
起始年	终止年	年限			
535	551	一七	二九	大统	534年，北魏孝武帝愤高欢专权而奔关中依宇文泰，次年初，宇文泰鸩杀孝武帝，立元宝炬为帝
551	554	四			以皇太子嗣位，谋诛宇文泰，反被泰所废
554	557	四			即位前封齐王，废帝三年正月即皇帝位，去年号，称元年，复姓拓跋氏。557年十二月，宇文泰之侄宇文护，迫恭帝让位于宇文觉（宇文泰嫡子），封恭帝为宋公，寻杀之，西魏亡

（八）北朝北齐世系（550—577年）

姓　名	世　　系	庙号与谥号	陵寝	生卒年		
				生年	卒年	享年
高洋	渤海脩人，汉族。神武帝高欢次子，母武明太后	显祖文宣皇帝	武宁陵	529	559	三一
高殷	文宣帝长子，母李皇后	废帝济南王		545	561	一七
高演	高欢第六子，文宣皇帝高洋之母弟	肃宗孝昭皇帝	文静陵	535	561	二七
高湛	高欢第九子，孝昭皇帝高演之母弟	世祖武成皇帝	永平陵	537	568	三二
高纬	武成皇帝高湛之长子，母胡皇后	后主温公		556	577	二二
高恒	后主高纬长子，母穆皇后	幼主		570	577	八

〔北齐传六帝，历二十八年，都邺（今河北临漳西南），

在位时间			即位年龄	所用年号	备　　注
起始年	终止年	年限			
550	559	一〇	二二	天保	其父高欢（被追尊为神武帝）、其兄高澄，已专擅东魏朝政。550年五月，高洋代魏称帝，国号齐
559	560	二	一五	乾明	以皇太子嗣位。560年被大丞相常山王高演（高洋弟）废以为济南王，次年被杀
560	561	二	二六	皇建	560年废高殷，八月即皇帝位于晋阳。次年九月出猎，马惊坠地，寻病死
561	565	五	二五	大宁、河清	遵孝昭皇帝遗诏，于561年十一月即皇帝位于晋阳。565年禅位于其子高纬，自称太上皇
565	576	一二	一〇	天统、武平、隆化	565年四月，以皇太子受禅即皇帝位。576年传位于太子高恒，自称太上皇。577年北周陷邺，高纬奔青州，为周师所俘，封温公。十月被赐死
577	577	一	八	承光	577年正月以皇太子即皇帝位。是月，北周陷邺，帝出奔被俘，十月被赐死，在位仅一个月

577年灭于北周〕

（九）北朝北周世系（557—581年）

姓　名	世　　系	庙号与谥号	陵寝	生卒年		
				生年	卒年	享年
宇文觉	文帝宇文泰第三子，母元皇后，鲜卑人	孝闵皇帝	静陵	542	557	一六
宇文毓	文帝宇文泰之庶长子，母姚夫人	世宗明皇帝	昭陵	534	560	二七
宇文邕	文帝宇文泰第四子，母叱奴太后	高祖武皇帝	孝陵	543	578	三六
宇文赟	武帝长子，母李太后	宣皇帝	定陵	559	580	二二
宇文衍（宇文阐）	宣帝长子，母朱皇后	静皇帝	恭陵	573	581	九

〔北周传五帝，历二十五年，都长安。581年灭于隋〕

在位时间			即位年龄	所用年号	备　　注
起始年	终止年	年限			
557	557	一	一六		556 年十二月，宇文护逼西魏恭帝禅位于宇文觉。557 年正月，周公宇文觉称天王，代魏
557	560	四	二四	武成	557 年九月，宇文护废闵帝宇文觉为略阳公，以宇文毓为天王，559 年毓称皇帝。560 年四月，宇文护使人置毒于糖饼而杀帝
560	578	一九	一八	武成※、保定、天和、建德、宣政	560 年四月，晋国公宇文护毒死明帝，立鲁国公邕为帝。577 年灭北齐，统一北方。578 年六月病死
578	579	二	二〇	宣政※、大成	以皇太子嗣位。579 年传位于太子，自称太上皇，次年病死。生前曾册封五位皇后
579	581	三	七	大象、大定	579 年二月，宣帝自称天元皇帝，太子阐即位。以幼冲，以杨坚（宣帝皇后杨氏之父）辅政，封坚为庄大丞相，假黄钺，进爵隋王。581 年二月，杨坚代周称帝，以静帝为介公，周亡。五月，静帝死

附：北朝诸帝所用年号起讫时间表

<table>
<tr><th rowspan="2">朝代</th><th rowspan="2">帝　王</th><th rowspan="2">年　号</th><th colspan="2">起始时间</th><th colspan="2">终止时间</th></tr>
<tr><th>干支</th><th>公　元</th><th>干支</th><th>公　元</th></tr>
<tr><td rowspan="21">北魏</td><td rowspan="4">道武帝拓跋珪</td><td>登国</td><td>丙戌</td><td>386</td><td>丙申</td><td>396六</td></tr>
<tr><td>皇始</td><td>丙申</td><td>396七</td><td>戊戌</td><td>398十一</td></tr>
<tr><td>天兴</td><td>戊戌</td><td>398十二</td><td>甲辰</td><td>404十</td></tr>
<tr><td>天赐</td><td>甲辰</td><td>404十</td><td>己酉</td><td>409十</td></tr>
<tr><td rowspan="3">明元帝拓跋嗣</td><td>永兴</td><td>己酉</td><td>409闰十</td><td>癸丑</td><td>413</td></tr>
<tr><td>神瑞</td><td>甲寅</td><td>414</td><td>丙辰</td><td>416四</td></tr>
<tr><td>泰常</td><td>丙辰</td><td>416四</td><td>癸亥</td><td>423十</td></tr>
<tr><td rowspan="8">太武帝拓跋焘</td><td>泰常※</td><td>癸亥</td><td>423十一</td><td>癸亥</td><td>423十二</td></tr>
<tr><td>始光</td><td>甲子</td><td>424</td><td>戊辰</td><td>428一</td></tr>
<tr><td>神䴥</td><td>戊辰</td><td>428二</td><td>辛未</td><td>431</td></tr>
<tr><td>延和</td><td>壬申</td><td>432</td><td>乙亥</td><td>435一</td></tr>
<tr><td>太延</td><td>乙亥</td><td>435</td><td>庚辰</td><td>440六</td></tr>
<tr><td>太平真君</td><td>庚辰</td><td>440六</td><td>辛卯</td><td>451六</td></tr>
<tr><td>正平</td><td>辛卯</td><td>451六</td><td>壬辰</td><td>452二</td></tr>
<tr><td>南安王拓跋余</td><td>承平</td><td>壬辰</td><td>452三</td><td>壬辰</td><td>452十</td></tr>
<tr><td rowspan="4">文成帝拓跋濬</td><td>兴安</td><td>壬辰</td><td>452十</td><td>甲午</td><td>454七</td></tr>
<tr><td>兴光</td><td>甲午</td><td>454七</td><td>乙未</td><td>455六</td></tr>
<tr><td>太安</td><td>乙未</td><td>455六</td><td>己亥</td><td>459</td></tr>
<tr><td>和平</td><td>庚子</td><td>460</td><td>乙巳</td><td>465</td></tr>
</table>

（续）

朝代	帝　　王	年　号	起始时间		终止时间	
			干支	公　元	干支	公　元
北魏	献文帝拓跋弘	和平※	乙巳	465 五	乙巳	465 十二
		天安	丙午	466	丁未	467 八
		皇兴	丁未	467 八	辛亥	471 八
	孝文帝元宏	延兴	辛亥	471 八	丙辰	476 六
		承明	丙辰	476 六	丙辰	476 十二
		太和	丁巳	477	己卯	499 四
	宣武帝元恪	太和※	己卯	499 四	己卯	499 十二
		景明	庚辰	500	甲申	504 一
		正始	甲申	504 一	戊子	508 八
		永平	戊子	508 八	壬辰	512 四
		延昌	壬辰	512 四	乙未	515 一
	孝明帝元诩	延昌※	乙未	515 一	乙未	515 十二
		熙平	丙申	516	戊戌	518 二
		神龟	戊戌	518 二	庚子	520 七
		正光	庚子	520 七	乙巳	525 六
		孝昌	乙巳	525 六	戊申	528 一
		武泰	戊申	528 一	戊申	528 四

（续）

朝代	帝王	年号	起始时间		终止时间	
			干支	公元	干支	公元
北魏	孝庄帝元子攸	建义	戊申	528四	戊申	528九
		永安	戊申	528九	庚戌	530十
	长广王元晔	建明	庚戌	530十	辛亥	531二
	节闵帝元恭	普泰	辛亥	531二	壬子	532十
	安定王元朗	中兴	辛亥	531十	壬子	532四
	孝武帝元修	太昌	壬子	532四	壬子	532十二
		永兴	壬子	532十二	壬子	532十二
		永熙	壬子	532十二	甲寅	534十
东魏	孝静帝元善见	天平	甲寅	534十	丁巳	537
		元象	戊午	538	己未	539十一
		兴和	己未	539十一	壬戌	542
		武定	癸亥	543	庚午	550五
西魏	文帝元宝炬	大统	乙卯	535	辛未	551
	废帝元钦		辛未	551三	甲戌	554
	恭帝元廓		甲戌	554	丁丑	557
北齐	文宣帝高洋	天保	庚午	550五	己卯	559
	废帝高殷	乾明	庚辰	560一	庚辰	560八
	孝昭帝高演	皇建	庚辰	560八	辛巳	561十一

（续）

朝代	帝王	年号	起始时间		终止时间	
			干支	公元	干支	公元
北齐	武成帝高湛	大宁	辛巳	561十一	壬午	562四
		河清	壬午	562四	乙酉	565四
	后主高纬	天统	乙酉	565四	己丑	569
		武平	庚寅	570	丙申	576
		隆化	丙申	576十二	丙申	576十二
	幼主高恒	承光	丁酉	577一	丁酉	577一
北周	孝闵帝宇文觉		丁丑	557	丁丑	557九
	明帝宇文毓	武成	丁丑	557九	庚辰	560四
	武帝宇文邕	武成※	庚辰	560四	庚辰	560十二
		保定	辛巳	561	乙酉	565
		天和	丙戌	566	壬辰	572三
		建德	壬辰	572三	戊戌	578三
		宣政	戊戌	578三	戊戌	578六
	宣帝宇文赟	宣政※	戊戌	578六	戊戌	578十二
		大成	己亥	579一	己亥	579二
	静帝宇文衍	大象	己亥	579二	庚子	580
		大定	辛丑	581一	辛丑	581二

十六、隋世系

姓名	世　系	庙号与谥号	陵寝	生卒年		
				生年	卒年	享年
杨坚	弘农华阴人，移居武川镇。父杨忠，西魏、北周开国功臣，位至上柱国、大司空、隋国公。母吕氏	高祖文皇帝	太陵	541	604	六四
杨广	文帝第二子，母独孤皇后	炀帝		569	618	五〇
杨侑	炀帝孙，元德太子杨昭之子，母韦妃	恭皇帝		605	619	一五

〔隋传三帝，历三十八年，都大兴（今陕西西安）〕

（581—618 年）

在位时间			即位年龄	所用年号	备　注
起始年	终止年	年限			
581	604	二四	四一	开皇、仁寿	北周时，袭父爵隋国公，其女为宣帝皇后，故宣帝拜坚为上柱国、大司马。宣帝死，静帝八岁即位，坚以外祖总揽朝政，封隋王。581 年二月，废静帝自立，国号隋
604	618	一五	三六	大业	开皇元年封为晋王。太子杨勇被废，立以为皇太子。604 年七月杀其父即位。618 年三月，被禁军将领宇文化及等缢死于江都
617	618	二	一三	义宁	大业三年封陈王，后改封代王。617 年李渊入长安，奉以为帝，改元义宁，遥尊炀帝为太上皇。次年五月，禅位于李渊，隋亡

附：隋朝诸帝所用年号起讫时间表

帝　王	年　号	起始时间		终止时间	
		干支	公　元	干支	公　元
文帝杨坚	开皇	辛丑	581 二	庚申	600 十二
	仁寿	辛酉	601 一	甲子	604 七
炀帝杨广	仁寿※	甲子	604 七	甲子	604 十二
	大业	乙丑	605 一	丁丑	617 十一
恭帝杨侑	义宁	丁丑	617 十一	戊寅	618 五

十七、唐世系

姓名	世　系	庙号与谥号	陵寝	生卒年		
				生年	卒年	享年
李渊	祖籍陇西成纪，一说陇西狄道，北魏时移居武川。祖李虎，北周开国功臣，官柱国，封唐国公。父李昞，袭封唐国公，隋柱国大将军。母独孤氏	高祖神尧大圣大光孝皇帝	献陵	566	635	七〇
李世民	高祖次子，母窦皇后	太宗文武大圣大广孝皇帝	昭陵	599	649	五一
李治	太宗第九子，母长孙皇后	高宗天皇大圣大弘孝皇帝	乾陵	628	683	五六

（618—907 年）

在位时间			即位年龄	所用年号	备　注
起始年	终止年	年限			
618	626	九	五三	武德	年七岁袭封唐国公。大业中任岐州刺史、荥阳与楼烦二郡太守、殿内少监、卫尉少卿，大业十三年(617 年)任太原留守，同年五月起兵反隋，十一月攻入长安，立炀帝孙代王杨侑为帝(恭帝)，进封唐王。大业十四年(618 年)五月废恭帝，自立为帝，国号唐，改元武德
626	649	二四	二八	武德※、贞观	武德九年(626 年)六月，在宫城玄武门发动兵变，杀太子建成、齐王元吉及其诸子，遂被立为太子，同年八月即皇帝位，尊高祖为太上皇
649	683	三五	二二	贞观※、永徽、显庆、龙朔、麟德、乾封、总章、咸亨、上元、仪凤、调露、永隆、开耀、永淳、弘道	即位前封晋王，贞观十七年(643年)以其长兄太子承乾被废而被立为太子。太宗死，嗣位

姓名	世　系	庙号与谥号	陵寝	生卒年		
				生年	卒年	享年
武曌	并州文水人，父武士彟，贞观中官至工部尚书、荆州都督，封应国公	则天顺圣皇后（曾改国号为周，称皇帝）	乾陵	624	705	八二
李显	高宗第七子，母则天皇后武氏	中宗大和大圣大昭孝皇帝	定陵	656	710	五五
李旦	高宗第八子，母则天皇后武氏，中宗弟	睿宗玄真大圣大兴孝皇帝	桥陵	662	716	五五

（续）

在位时间			即位年龄	所用年号	备注
起始年	终止年	年限			
690	705	一六	六七	光宅、垂拱、永昌、载初、天授、如意、长寿、延载、证圣、天册万岁、万岁登封、万岁通天、神功、圣历、久视、大足、长安、神龙	高宗皇后，与高宗并称“二圣”，参决朝政，弘道元年（683 年）高宗死，中宗李显即位，曌临朝称制。次年废中宗，立四子李旦（睿宗）。载初元年（690 年）废睿宗，自称圣神皇帝，改国号为周，都洛阳，史称“武周”
①683 ②705	684 710	二 六	二八	嗣圣、神龙※、景龙	以皇太子嗣位，则天皇后临朝称制。嗣圣元年（684 年），武氏废帝为庐陵王，迁房州。圣历元年（698 年）召还东都，复位为皇太子。神龙元年（705 年）正月，张柬之乘则天病危，拥中宗复位，复国号为唐
①684 ②710	690 712	七 三	二三	文明、景云、太极、延和	684 年，武后废中宗，立李旦为帝。武后称帝。降旦为皇嗣。中宗复位后，封旦为相王。景龙四年（710 年）韦后毒死中宗，临朝摄政。临淄王李隆基（李旦之子）诛韦后，拥李旦为帝。712 年，旦让位于太子隆基，自称太上皇

姓名	世　系	庙号与谥号	陵寝	生卒年		
				生年	卒年	享年
李隆基	睿宗第三子，母窦皇后	玄宗至道大圣大明孝皇帝	泰陵	685	762	七八
李亨	玄宗第三子，母杨皇后	肃宗文明武德大圣大宣孝皇帝	建陵	711	762	五二
李豫	肃宗长子，母吴皇后	代宗睿文孝武皇帝	元陵	726	779	五四
李适	代宗长子，母沈皇后	德宗神武圣文皇帝	崇陵	742	805	六四
李诵	德宗长子，母王皇后	顺宗至德弘道大圣大安孝皇帝	丰陵	761	806	四六

（续）

在位时间			即位年龄	所用年号	备注
起始年	终止年	年限			
712	756	四五	二八	先天、开元、天宝	即位前封楚王，后封临淄王。景龙四年（710年）韦后毒死中宗，李隆基等诛韦后，拥李旦为帝。隆基被立为皇太子。712年，受禅即位
756	762	七	四六	至德、乾元、上元、宝应	初封陕王，徙封忠王。开元二十五年太子李瑛被废，李亨被立为皇太子。755年，安禄山叛乱，次年六月陷潼关，亨随玄宗出逃，至马嵬驿，与玄宗分道，北上灵武。七月，即帝位于灵武，遥尊玄宗为太上皇
762	779	一八	三七	宝应※、广德、永泰、大历	初封广平郡王，后封楚王，徙封成王，758年被立为皇太子。762年以太子嗣位
779	805	二七	三八	建中、兴元、贞元	初封奉节郡王，进封鲁王、雍王，764年被立为皇太子，代宗死，以太子嗣位
805	805	一	四五	永贞	初封宣城郡王，进封宣王。德宗即位后立为皇太子。德宗死，以太子嗣位，改元永贞，实行革新。同年八月，宦官俱文珍等逼帝退位，称太上皇。在位实八个月

姓名	世　　系	庙号与谥号	陵寝	生卒年		
				生年	卒年	享年
李纯	顺宗长子，母王皇后	宪宗昭文章武大圣至神孝皇帝	景陵	778	820	四三
李恒	宪宗第三子，母郭太后	穆宗睿圣文惠孝皇帝	光陵	795	824	三〇
李湛	穆宗长子，母王太后	敬宗睿武昭愍孝皇帝	庄陵	809	826	一八
李昂	穆宗第二子，敬宗弟，母萧太后	文宗元圣昭献孝皇帝	章陵	809	840	三二
李炎	穆宗第五子，母韦太后	武宗至道昭肃孝皇帝	端陵	814	846	三三
李忱	宪宗第十三子，穆宗弟，母郑太后	宣宗元圣至明成武献文睿智章仁神聪懿道大孝皇帝	贞陵	810	859	五〇

（续）

在位时间			即位年龄	所用年号	备注
起始年	终止年	年限			
805	820	一六	二八	元和	初封广陵郡王，顺宗时被立为皇太子。永贞元年(805年)八月，宦官逼顺宗退位，拥立太子
820	824	五	二六	元和※、长庆	初封建安郡王，进封遂王，元和七年被立为皇太子。宪宗死，以太子即帝位
824	826	三	一六	长庆※、宝历	初封鄂王，徙封景王，长庆二年被立为皇太子。穆宗死，以太子嗣位，后被宦官刘克明等杀死
827	840	一四	一九	宝历※、大和、开成	即位前封江王。宦官刘克明等杀敬宗，拥其弟李昂即帝位
840	846	七	二七	开成※、会昌	即位前封颍王。开成五年(840年)正月，文宗病重，宦官仇士良等拥立李炎为皇太弟，废太子成美为陈王。文宗死，炎以皇太弟嗣位。后以服用金丹病死
846	859	一四	三七	会昌※、大中	穆宗时封光王，武宗时立为皇太叔。武宗死，由宦官拥立为帝。后以服长生药中毒而死

姓名	世　系	庙号与谥号	陵寝	生卒年		
				生年	卒年	享年
李漼	宣宗长子，母晁太后	懿宗昭圣恭惠孝皇帝	简陵	833	873	四一
李儇	懿宗第五子，母王太后	僖宗惠圣恭定孝皇帝	靖陵	862	888	二七
李晔	懿宗第七子，僖宗弟，母王太后	昭宗圣穆景文孝皇帝	和陵	867	904	三八
李柷	昭宗第九子，母何太后	哀帝昭宣光烈孝皇帝	温陵	892	908	一七

〔唐朝自公元618年李渊受隋禅至公元907年昭宣帝（哀
其间，高宗皇后武曌（武则天）于690年代唐称帝，改国号为

（续）

在位时间			即位年龄	所用年号	备注
起始年	终止年	年限			
859	873	一五	二七	大中※、咸通	武宗时封郓王。宣宗死，宦官王宗实等矫诏，立以为皇太子，旋即位
873	888	一六	一二	咸通※、乾符、广明、中和、光启、文德	即位前封晋王。懿宗病笃，宦官刘行深等杀懿宗年长诸子，立儇为皇太子，懿宗死，儇嗣位
888	904	一七	二一	文德※、龙纪、大顺、景福、乾宁、光化、天复、天祐	懿宗时封寿王，僖宗病笃，宦官杨复恭立晔为皇太弟。僖宗死，晔即位。天复四年(904年)朱全忠逼帝迁都洛阳，同年八月杀之
904	907	四	一三	天祐	乾宁时封辉王，天复四年(904)八月，朱全忠杀昭宗，立柷为皇帝。天祐四年(907年)帝禅位于朱全忠，唐亡。帝被封为济阴王，次年被鸩杀

帝）禅位于朱全忠，共传二十帝，历二百八十九年，都长安。

周，史称武周。公元705年中宗复位，复国号唐〕

附：唐朝诸帝所用年号起讫时间表

帝王	年号	起始时间		终止时间	
		干支	公元	干支	公元
高祖李渊	武德	戊寅	618五	丙戌	626八
太宗李世民	武德※	丙戌	626八	丙戌	626十二
	贞观	丁亥	627	己酉	649六
高宗李治	贞观※	己酉	649六	己酉	649十二
	永徽	庚戌	650	乙卯	655
	显庆	丙辰	656	辛酉	661二
	龙朔	辛酉	661三	癸亥	663
	麟德	甲子	664	乙丑	665
	乾封	丙寅	666	戊辰	668二
	总章	戊辰	668二	庚午	670二
	咸亨	庚午	670三	甲戌	674八
	上元	甲戌	674八	丙子	676十一
	仪凤	丙子	676十一	己卯	679六
	调露	己卯	679六	庚辰	680八
	永隆	庚辰	680八	辛巳	681九
	开耀	辛巳	681九	壬午	682二
	永淳	壬午	682二	癸未	683
	弘道	癸未	683十二	癸未	683十二
武曌	光宅	甲申	684九	甲申	684十二
	垂拱	乙酉	685	戊子	688
	永昌	己丑	689一	己丑	689十一
	载初	己丑	689十一	庚寅	690八

（续）

帝　　王	年　号	起始时间		终止时间	
		干支	公　元	干支	公　元
武曌	天授	庚寅	690 九	壬辰	692 三
	如意	壬辰	692 四	壬辰	692 九
	长寿	壬辰	692 九	甲午	694 五
	延载	甲午	694 五	乙未	695 一
	证圣	乙未	695 一	乙未	695 九
	天册万岁	乙未	695 九	乙未	695 十一
	万岁登封	乙未	695 十二	丙申	696 三
	万岁通天	丙申	696 三	丁酉	697 九
	神功	丁酉	697 九	丁酉	697 十二
	圣历	戊戌	698	庚子	700 五
	久视	庚子	700 五	辛丑	701 一
	大足	辛丑	701 一	辛丑	701 十
	长安	辛丑	701 十	甲辰	704
	神龙	乙巳	705 一	乙巳	705 二
中宗李显	嗣圣	甲申	684 一	甲申	684 二
	神龙※	乙巳	705 二	丁未	707 九
	景龙	丁未	707 九	庚戌	710 六
睿宗李旦	文明	甲申	684 二	甲申	684 八
	景云	庚戌	710 七	壬子	712 一
	太极	壬子	712 一	壬子	712 四
	延和	壬子	712 五	壬子	712 八

（续）

帝王	年号	起始时间		终止时间	
		干支	公元	干支	公元
玄宗李隆基（天宝三年起，改“年”称“载”）	先天	壬子	712八	癸丑	713十一
	开元	癸丑	713十二	辛巳	741
	天宝	壬午	742	丙申	756七
肃宗李亨（乾元元年二月起，复“载”为“年”）	至德	丙申	756七	戊戌	758二
	乾元	戊戌	758二	庚子	760闰四
	上元	庚子	760闰四	壬寅	762四
	宝应	壬寅	762四	壬寅	762四
代宗李豫	宝应※	壬寅	762四	癸卯	763七
	广德	癸卯	763七	甲辰	764
	永泰	乙巳	765	丙午	766十一
	大历	丙午	766十一	己未	779
德宗李适	建中	庚申	780	癸亥	783
	兴元	甲子	784一	甲子	784十二
	贞元	乙丑	785	乙酉	805一
顺宗李诵	永贞	乙酉	805一	乙酉	805八
宪宗李纯	元和	丙戌	806	庚子	820闰一
穆宗李恒	元和※	庚子	820闰一	庚子	820十二
	长庆	辛丑	821	甲辰	824一
敬宗李湛	长庆※	甲辰	824一	甲辰	824十二
	宝历	乙巳	825	丙午	826十二
文宗李昂	宝历※	丙午	826十二	丁未	827一
	大和	丁未	827二	乙卯	835
	开成	丙辰	836	庚申	840一

（续）

帝　王	年　号	起始时间		终止时间	
		干支	公　元	干支	公　元
武宗李炎	开成※	庚申	840 一	庚申	840 十二
	会昌	辛酉	841	丙寅	846 三
宣宗李忱	会昌※	丙寅	846 三	丙寅	846 十二
	大中	丁卯	847	己卯	859 八
懿宗李漼	大中※	己卯	859 八	庚辰	860 十一
	咸通	庚辰	860 十一	癸巳	873 七
僖宗李儇	咸通※	癸巳	873 七	甲午	874 十一
	乾符	甲午	874 十一	己亥	879
	广明	庚子	880	辛丑	881 七
	中和	辛丑	881 七	乙巳	885 三
	光启	乙巳	885 三	戊申	888 一
	文德	戊申	888 二	戊申	888 三
昭宗李晔	文德※	戊申	888 三	戊申	888 十二
	龙纪	己酉	889 一	己酉	889 十二
	大顺	庚戌	890	辛亥	891
	景福	壬子	892	癸丑	893
	乾宁	甲寅	894	戊午	898 八
	光化	戊午	898 八	辛酉	901 三
	天复	辛酉	901 四	甲子	904 闰四
	天祐	甲子	904 闰四	甲子	904 八
哀帝李柷	天祐※	甲子	904 八	丁卯	907 四

十八、五代十国世系

〔自公元907年朱温灭唐称帝建后梁，至公元960年赵匡国北方相继出现梁、唐、晋、汉、周五朝，史称五代。因其名区分。与五代同时存在的中国南方和北方（今山西省一带）的南（即南平）、北汉等十个并立的政权，史称十国〕

（一）后梁世系（907—923年）

姓名	世系	庙号与谥号	陵寝	生卒年		
				生年	卒年	享年
朱温(朱全忠)	宋州砀山人，父朱诚，乡儒，母王氏	太祖神武元圣孝皇帝	宣陵	852	912	六一
朱友珪	太祖第三子，母原为亳州营妓	郢王		?	913	
朱友贞(瑱、锽)	太祖第四子，母张皇后	末帝		888	923	三六

〔后梁（亦称朱梁）传三帝，历十七年，都汴（今河南开

(907—960年)

胤代周建宋，历时五十四年，史称五代十国时期。该时期，中
称与以前朝代雷同，故后人在其名称前面加一“后”字，以示
政权先后还有吴、南唐、吴越、楚、闽、南汉、前蜀、后蜀、荆

在位时间			即位年龄	所用年号	备　　注
起始年	终止年	年限			
907	912	六	五六	开平、乾化	黄巢起义军将领，882年叛变投唐，赐名全忠。903年封梁王。次年，迁昭宗于洛阳，寻杀之，立其子李柷为帝(哀帝)。907年废哀帝自立，国号梁
912	913	二		乾化※、凤历	乾化二年(912年)六月，朱温拟立次子友文为太子，友珪即杀父自立。次年二月，为其弟朱友贞所杀
913	923	一一	二六	乾化※、贞明、龙德	太祖时封均王。朱友珪杀父自立，友贞以讨逆之名杀兄自立。龙德三年(923年)，李存勗建唐，同年攻入开封，灭后梁。梁末帝命部将杀己

封市)，923年为后唐所灭〕

（二）后唐世系（923—936年）

姓名	世系	庙号与谥号	陵寝	生卒年		
				生年	卒年	享年
李存勖	沙陀部人，先世姓朱邪，祖朱邪赤心，被唐帝赐姓李；父李克用，被唐昭宗封为晋王	庄宗光圣神闵孝皇帝	雍陵	885	926	四二
李亶（李嗣源）	太祖李克用养子，父李霓	明宗圣德和武钦孝皇帝	徽陵	867	933	六七
李从厚	明宗第三子，母夏皇后	闵帝		914	934	二一
李从珂	镇州人，本姓王，明宗养子			885	936	五二

〔后唐传四帝，历十四年，都洛阳，936年灭于后晋〕

在位时间			即位年龄	所用年号	备　　注
起始年	终止年	年限			
923	926	四	三九	同光	908年其父李克用死，存勗继任河东节度使，袭封晋王。攻破幽州，尽并卢龙之地。连年攻梁，尽占河北之地。923年称帝，同年十月攻占开封，灭后梁，定都洛阳。926年为部下所杀
926	933	八	六〇	天成、长兴	随李克用、李存勗父子征战，屡立战功。庄宗立，拜中书令，又拜太尉兼蕃汉内外马步军总管。926年，后唐魏州发生兵变，庄宗令嗣源率军前往镇压，途中亲兵叛乱，拥嗣源为主，回兵开封。庄宗为乱兵首领所杀，嗣源遂入洛阳，称监国，寻称皇帝
933	934	二	二〇	应顺	即位前封宋王。明宗死，嗣位。后为李从珂部下所杀
934	936	三	五〇	清泰	即位前封潞王，兼侍中。闵帝被杀，乃即位。大将石敬瑭叛后唐，引契丹兵败唐军、攻洛阳，李从珂自焚身亡

（三）后晋世系（936—946年）

姓名	世系	庙号与谥号	陵寝	生卒年		
				生年	卒年	享年
石敬瑭	沙陀部人，家太原。父臬捩鸡，李克用部将	高祖圣文章武明德孝皇帝	显陵	892	942	五一
石重贵	父石敬儒（石敬瑭之兄），母安氏。早孤，被石敬瑭收为养子	出帝		914	964	五一

〔后晋传二帝，历十一年，都汴（今河南开封市），946

（四）后汉世系（947—950年）

姓名	世系	庙号与谥号	陵寝	生卒年		
				生年	卒年	享年
刘知远（刘暠）	沙陀部人，世居太原。父刘琠，母安氏	高祖睿文圣武昭肃孝皇帝	睿陵	895	948	五四
刘承祐	高祖第二子，母李太后	隐帝	颍陵	931	950	二〇

〔后汉传二帝，历四年，都汴，950年灭于后周〕

在位时间			即位年龄	所用年号	备　　注
起始年	终止年	年限			
936	942	七	四五	天福	仕后唐为北京留守，后反唐。936年借契丹兵攻入洛阳，灭后唐称帝，国号晋。割燕云十六州与辽，对辽主称臣称子
942	946	五	二九	天福※、开运	天福六年(941年)封齐王。次年石敬瑭卒，其子幼冲，遂由齐王嗣位。946年，辽兵攻入汴，出帝被虏至辽建州，后晋亡

年灭于辽〕

在位时间			即位年龄	所用年号	备　　注
起始年	终止年	年限			
947	948	二	五三	天福※、乾祐	与石敬瑭俱事后唐，后合谋反唐。后唐灭亡后，事后晋，为河东节度使、北京留守，封北平王。947年出帝被辽所虏，知远在太原称帝，国号汉，后定都于汴
948	950	三	一八	乾祐※	乾祐元年(948年)二月，封周王，同年嗣位。950年，李守贞等藩镇叛乱，帝命郭威平之。帝忌郭威，欲杀之。郭威反，兵临汴城，帝为溃军所杀，后汉亡

（五）后周世系（951—960 年）

姓名	世　　系	庙号与谥号	陵寝	生卒年		
				生年	卒年	享年
郭威	邢州尧山人，本姓常，因父死，母适郭氏，乃随姓郭	太祖圣神恭肃文武孝皇帝	嵩陵	904	954	五一
柴荣	邢州龙冈人，父柴守礼。郭威收以为养子	世宗睿武孝文皇帝	庆陵	921	959	三九
柴宗训	世宗子	恭皇帝	顺陵	953	973	二一

〔后周传三帝，历十年，都汴（今河南开封市），960 年

在位时间			即位年龄	所用年号	备注
起始年	终止年	年限			
951	954	四	四八	广顺、显德	后汉重臣，950年以邺都留守起兵入汴，次年，灭后汉，即帝位，建后周
954	959	六	三四	显德※	太祖卒，柴荣以太祖养子嗣位
959	960	二	七	显德※	显德六年(959年)封梁王。同年世宗病死，嗣位。960年正月，辽兵南侵，殿前都点检赵匡胤率军出御，在陈桥驿策动兵变，建宋代周。恭帝在位实六个月

灭于宋〕

（六）吴世系（902—937 年）

姓名	世　系	庙号与谥号	陵寝	生卒年		
				生年	卒年	享年
杨行密	庐州合肥人	太祖武皇帝	兴陵	852	905	五四
杨　渥	太祖长子	烈祖景皇帝	昭陵	886	908	二三
杨隆演	太祖次子	高祖宣皇帝	肃陵	897	920	二四
杨　溥	太祖第四子	睿皇帝	平陵	900	937	三八

〔吴自 902 年杨行密受唐封为吴王，至 937 年禅位于齐王州市)〕

在位时间			即位年龄	所用年号	备注
起始年	终止年	年限			
902	905	四	五一	天复*、天祐*	初应募为州兵，迁队长，唐僖宗时，逐庐州刺史，僖宗诏拜为庐州刺史，后攻取扬州，唐又诏拜为淮南节度使，占有淮南江东之地，天复二年（902年）受唐封为吴王，都扬州，使用唐昭宗年号
905	908	四	二〇	天祐*	太祖死，以世子嗣位，使用唐昭宗年号，908年，被太祖旧臣徐温、张颢之牙兵所杀
908	920	一三	一二	天祐*、武义	烈祖死，嗣位，使用唐昭宗天祐年号。天祐十六年（919年）四月，称吴国王，建元武义，以示不复为唐朝之藩镇
920	937	一八	二一	武义※、顺义、乾贞、大和、天祚	继隆演而立，927年称皇帝，国号吴，由徐温养子徐知诰（李昪）秉政，937年禅位于徐知诰，吴亡

李昪（徐知诰），共传四主，历三十六年，都扬州（今江苏扬

（七）南唐世系（937—975年）

姓　名	世　系	庙号与谥号	陵寝	生卒年		
				生年	卒年	享年
李昪	徐州人，父李荣，吴国重臣徐温收以为养子，故改名徐知诰	烈祖光文肃武孝高皇帝	永陵	888	943	五六
李璟	烈祖李昪长子，母宋皇后	元宗明道崇德文宣孝皇帝	顺陵	916	961	四六
李煜（李从嘉）	李璟第六子，母钟皇后	后主		937	978	四二

〔南唐自李昪（徐知诰）于937年代吴称帝，至975年灭

在位时间			即位年龄	所用年号	备　注
起始年	终止年	年限			
937	943	七	五〇	升元	吴国大丞相徐温死，其养子徐知诰执掌吴政，受封为齐王，吴天祚三年(937年)，废吴帝自立，改元升元，国号大齐。升元三年复姓李，改名昪，改国号为唐，史称南唐。都金陵。升元七年因服丹药，中毒而死。
943	961	一九	二八	保大、中兴、交泰、显德*、建隆*	以皇太子嗣位
961	975	一五	二五	建隆*、乾德*、开宝*	因自太子李冀以上李璟五子皆早卒，故煜得立为太子。中主李璟死，煜以太子嗣位。975年，宋将曹彬攻破金陵，李煜降。迁至汴京，宋太祖封以为违命侯。后为宋太宗毒死

于北宋，共传三主，历三十九年，都金陵（今江苏省南京市）〕

（八）吴越世系（907—978年）

姓名	世系	庙号与谥号	陵寝	生卒年		
				生年	卒年	享年
钱镠	杭州临安人，出身寒门	武肃王		852	932	八一
钱元瓘	钱镠第五子，母陈氏	文穆王		887	941	五五
钱弘佐	钱元瓘第六子，母许氏	忠献王		928	947	二〇
钱弘倧	元瓘第七子，弘佐弟	忠逊王		929(?)	973(?)	四五
钱弘俶	元瓘第九子，弘佐弟，母吴氏	忠懿王		929	988	六〇

〔吴越国自907年钱镠受后梁封号吴越王，至978年钱弘

在位时间			即位年龄	所用年号	备注
起始年	终止年	年限			
907	932	二六	四六	天祐*、天宝、凤历*、乾化*、贞明、龙德*、宝大、宝正	始为地方武装董昌部下偏将，击黄巢有功升都将，在唐末军阀混战中实力渐强，光启三年（887 年），唐僖宗命以为杭州刺史，寻升镇海节度使。昭宗乾宁二年（895 年），董昌据越州称大越罗平国王，钱镠讨平之，尽有两浙及苏南十三州之地，后梁太祖即位，于开平元年（907 年）封以为吴越王
932	941	一〇	四六	长兴*、应顺*、清泰*、天福*	宝正元年（926 年），钱镠以老病命元瓘监国。镠死，元瓘即位，袭封吴越王
941	947	七	一四	天福※、开运	
947	947	一	一九	天福※	947 年六月即位，十二月，为胡进思等所废，在位实半年
948	978	三一	二〇	乾祐*、广顺*、显德*、建隆*、乾德*、开宝*、太平兴国*	胡进思废弘倧，于乾祐元年（948 年）正月迎弘俶嗣位，袭封吴越王。嗣位后，先后接受后汉、后周、北宋封号，使用三朝年号，太平兴国三年（978 年），献其地十三州与宋，举家迁汴京，吴越亡

俶降于宋，共传五主，历七十二年，都杭州（今浙江杭州市）〕

（九）**楚世系**（907—951年）

姓名	世　系	庙号与谥号	陵寝	生卒年		
				生年	卒年	享年
马　殷	许州鄢陵人	武穆王		852	930	七九
马希声	马殷次子，母袁妃	衡阳王		898	932	三五
马希范	马殷子，希声异母弟	文昭王		898	947	五〇
马希广	希范同母弟	废王		?	950	
马希萼	希广之兄			?	?	

〔楚国自马殷于907年受后梁太祖朱温楚王封号，至951年

在位时间			即位年龄	所用年号	备注
起始年	终止年	年限			
907	930	二四	五六	天成*（用后唐明宗年号）	在唐末军阀混战中，初为孙儒（秦宗权部将）裨将，孙儒败死，马殷等推刘建峰为主，唐昭宗乾宁三年（896年），建峰为部下所杀，马殷被推为主，遂占有潭、衡等七州之地，被昭宗任为潭州刺史，后升武安军节度使，后梁开平元年（907年），朱温封殷为楚王
930	932	三	三三	长兴*	马殷死，嗣位，使用后唐明宗年号
932	946	一五	三五	长兴*、应顺*、清泰*、天福*、开运*	希声死，嗣位。使用后唐、后晋年号
947	950	四		天福*、乾祐*	希范死，嗣位，为其兄希萼所攻，兵败，缢死
950	951	二		保大*	950年十二月，希萼争位攻长沙，杀希广，自立为楚王，951年十一月，为南唐所灭，楚亡

灭于南唐，共传五主，历四十五年，都长沙（今湖南长沙市）〕

（十）闽世系（909—945年）

姓名	世系	庙号与谥号	陵寝	生卒年		
				生年	卒年	享年
王审知	光州固始人，父王恁	太祖昭武孝皇帝	宣陵	862	925	六四
王延翰	太祖王审知长子	嗣王		?	926	
王延钧（王鏻）	王审知次子	太宗惠皇帝（又：惠宗齐肃明孝皇帝）		?	935	
王昶（王继鹏）	王延钧长子	康宗圣神英睿文明广武应道大弘孝皇帝		?	939	
王曦（王延曦）	王审知少子	景宗睿文广武明圣元德隆道大孝皇帝		?	944	
王延政	王审知子，王曦弟	福王恭懿		?	951	

〔闽自909年王审知被后梁封为闽王，至945年灭于南唐，

在位时间			即位年龄	所用年号	备　注
起始年	终止年	年限			
909	925	十七	四八	开平*、乾化*、贞明*、龙德*、同光*	唐末，王审知随其兄王潮投军。唐景福二年(893年)，王潮占据福州。唐昭宗封潮为威武军节度使、福建观察使，审知为副使，王氏兄弟遂占有闽岭五州之地。乾宁四年(897年)，王潮死，审知继任节度使。开平三年(909年)，被后梁太祖封为闽王，先后使用后梁、后唐年号
925	926	二		天成*	926年，被后唐拜为威武军节度使，同年十月，延翰自称大闽国王。十二月，为其弟王延钧攻杀。使用后唐年号
926	935	一〇		天成*、长兴*、龙启、永和	杀延翰自立，改名鏻。后唐明宗长兴四年(933年)正月称帝，改元龙启，国号闽。935年被其长子王继鹏所杀
935	939	五		永和、通文	杀父自立，更名昶。939年七月为闽人所杀
939	944	六		永隆	昶被杀，延曦即位，更名曦，永隆六年(944年)为其部将朱文进所杀
943	945	三		天德	王曦淫虐，延政屡谏，曦怒，举兵相攻。943年，延政在建州称帝，国号殷，改元天德。明年，曦被杀，延政将入福州，南唐主李璟闻闽乱，发兵攻之，遂取闽，闽亡

共传六主，历三十七年，都长乐(今福建福州)〕

（十一）**南汉世系**（917—971年）、

姓　名	世　　系	庙号与谥号	陵寝	生卒年		
				生年	卒年	享年
刘䶮（刘岩、刘陟）	祖籍上蔡，迁居泉州，父刘谦，广州牙将；兄刘隐，唐末清海军节度使	高祖天皇大帝	康陵	889	942	五四
刘　玢	刘䶮第三子，母赵昭仪	殇帝		920	943	二四
刘晟（刘洪熙）	刘䶮子，刘玢弟	中宗文武光圣明孝皇帝	昭陵	920	958	三九
刘铩（刘继兴）	刘晟长子	后主		943	980	三八

〔南汉自917年刘䶮称帝，至971年灭于北宋，共传四主，

在位时间			即位年龄	所用年号	备　注
起始年	终止年	年限			
911	942	三二	二三	乾亨、白龙、大有	唐天祐元年(904年),其兄刘隐任唐清海军节度使,据今广东、广西之地。911年刘隐死,刘䶮继立,于后梁贞明三年(917年)称帝,国号越,次年改为汉,都广州
942	943	二	二三	光天	父死嗣位,后为其弟晋王洪熙所杀
943	958	一六	二四	应乾、乾和	杀其兄而自立
958	971	一四	一六	大宝	刘晟卒,以长子嗣位,北宋开宝四年(971年)降于宋军,南汉亡

历五十五年，都广州（今广东省广州市)〕

（十二）前蜀世系（903—925年）

姓　名	世　　系	庙号与谥号	陵寝	生卒年		
				生年	卒年	享年
王　建	许州舞阳人，出身寒门，后被宦官田令孜收为养子	高祖神武圣文孝德明惠皇帝	永陵	847	918	七二
王　衍	王建第十一子，母徐贤妃	后主		889(?)	926	三八

〔前蜀自903年王建为蜀王，至925年灭于后唐，共传二

（十三）后蜀世系（934—965年）

姓　名	世　　系	庙号与谥号	陵寝	生卒年		
				生年	卒年	享年
孟知祥	邢州龙岗人	高祖武圣德英烈明孝皇帝	和陵	874	934	六一
孟　昶	高祖孟知祥第三子	后主		919	965	四七

〔后蜀自孟知祥于934年称帝，至965年灭于北宋，共传

在位时间			即位年龄	所用年号	备注
起始年	终止年	年限			
903	918	十六	五七	天复*、武成、永平、通正、天汉、光天	幼以宰牛、贩盐为业,后投军。黄巢陷长安,唐僖宗幸蜀,建随驾扈从,被宦官田令孜收为养子,授刺史,891年占四川,903年受唐封为蜀王,907年称帝,国号蜀
918	925	八	三〇	光天、乾德、咸康	以皇太子嗣位。925年降于后唐,次年被杀,前蜀亡

主,历二十三年,都成都(今四川成都市)〕

在位时间			即位年龄	所用年号	备注
起始年	终止年	年限			
934	934	一	六一	明德	仕后唐。后唐庄宗灭蜀后,以知祥为成都尹、剑南西川节度副大使。明宗立,知祥背叛,明宗抚慰之,封蜀王。明宗死,知祥于934年即皇帝位,国号蜀
934	965	三二	一六	明德※、广政	以皇太子嗣位。北宋乾德三年(965年)宋兵攻入成都,孟昶降,徙开封,封秦国公,七日而死,追赠楚王

二主,历三十二年,都成都(今四川成都市)〕

（十四）南平（荆南）世系（924—963年）

姓名	世系	庙号与谥号	陵寝	生卒年		
				生年	卒年	享年
高季兴	陕州陕石人，本名季昌	武信王		858	928	七一
高从诲	高季兴长子	文献王		891	948	五八
高保融	高从诲第三子	贞懿王		920	960	四一
高保勗	高从诲第十子	（赠侍中）		924	962	三九
高继冲	高保融长子	（赠侍中）		943	973	三一

〔南平（荆南）自924年高季兴受后唐封号为南平王，至北江陵市)〕

在位时间			即位年龄	所用年号	备　注
起始年	终止年	年限			
924	928	五		顺义*、天成*、乾贞*	梁太祖开平元年(907年),任季兴为荆南节度使;梁末帝封以为渤海郡王。梁亡,臣于后唐,924年受封为南平王。后因与后唐争夺四川夔、忠等州失败,转臣于吴,受封为秦王。先后使用后唐和吴年号
928	948	二一	三八	乾贞*、天成*、长兴*、应顺*、清泰*、天福*、开运*、天福*、乾祐*	高季兴卒,从诲袭位,复臣于后唐,封南平王,从诲还向中原王朝和吴、楚、蜀、闽、南汉诸国称臣,以博取岁赐,被诸国称为"高赖子"。先后使用后唐、后晋、后汉年号
948	960	一三	二九	乾祐*、广顺*、显德*	高从诲在位时,保融为节度副使,从诲卒,权知军府事,后汉拜以为荆南节度使;后周时,封以为南平王。使用后汉和后周年号
960	962	三	三七	建隆*	高保融在位时,任荆南节度副使。保融卒,宋太祖拜以为节度使。使用北宋年号。死后,宋赠官侍中
962	963	二	二〇	建隆*、乾德*	高保勗在位时,任荆南节度副使,保勗卒,北宋太祖拜以为节度使。建隆四年(963年),宋太祖遣兵假道荆南讨张文表,高继冲以地内附,举家入朝

963年高继冲内附于北宋,共传五主,历四十年,都荆州(今湖

（十五）北汉世系（951—979 年）

姓　名	世　　系	庙号与谥号	陵寝	生卒年		
				生年	卒年	享年
刘旻（刘崇）	沙陀人，后汉高祖刘知远同母弟	世祖神武皇帝		895	954	六〇
刘钧（刘承钧）	刘旻次子	睿宗孝和皇帝		926	968	四三
刘继恩	刘钧养子	少主		?	968	
刘继元	刘钧养子，刘继恩同母异父弟	英武帝		?	992	

〔北汉自刘旻于 951 年在太原称帝，至 979 年灭于北宋，

在位时间			即位年龄	所用年号	备注
起始年	终止年	年限			
951	954	四	五七	乾祐*	刘知远建后汉，以刘旻为太原尹，北京留守。951年，郭威灭汉建周，刘旻占据河东十余州在太原称帝。国号汉，史称北汉。袭用后汉乾祐年号。叔事辽
954	968	一五	二九	乾祐*、天会	刘旻卒，嗣立，称辽主为父皇帝，辽主则称之为儿皇帝
968	968	一		天会※	刘钧卒，无子，故养子继恩嗣位。居位六十余日，为供奉官侯霸荣所杀
968	979	一二		天会※、广运	继恩被害，宰相郭无为拥继元为帝。宋太平兴国四年(979年)，宋太宗亲征北汉，攻太原，刘继元降，北汉亡。宋封继元为彭城公

共传四主，历二十九年，都太原（今山西太原）〕

附一：五代十国帝王所用年号起讫时间表

朝代国名	帝王	年号	起始时间		终止时间	
			干支	公元	干支	公元
后梁	太祖朱温	开平	丁卯	907四	辛未	911四
		乾化	辛未	911五	壬申	912六
	郢王朱友珪	乾化※	壬申	912六	壬申	912十二
		凤历	癸酉	913一	癸酉	913二
	末帝朱友贞	乾化※	癸酉	913二	乙亥	915十
		贞明	乙亥	915十一	辛巳	921四
		龙德	辛巳	921五	癸未	923十
后唐	庄宗李存勗	同光	癸未	923四	丙戌	926四
	明宗李亶	天成	丙戌	926四	庚寅	930二
		长兴	庚寅	930二	癸巳	933
	闵帝李从厚	应顺	甲午	934一	甲午	934四
	末帝李从珂	清泰	甲午	934四	丙申	936闰十一
后晋	高祖石敬瑭	天福	丙申	936闰十一	壬寅	942六
	出帝石重贵	天福※	壬寅	942六	甲辰	944六
		开运	甲辰	944七	丙午	946
后汉	高祖刘知远	天福※	丁未	947二	丁未	947十二
		乾祐	戊申	948一	戊申	948二
	隐帝刘承祐	乾祐※	戊申	948二	庚戌	950
后周	太祖郭威	广顺	辛亥	951一	癸丑	953
		显德	甲寅	954一	甲寅	954一
	世宗柴荣	显德※	甲寅	954一	己未	959六
	恭帝柴宗训	显德※	己未	959六	庚申	960一

（续）

朝代国名	帝王	年号	起始时间		终止时间	
			干支	公元	干支	公元
吴	杨行密	天复*	壬戌	902 三	甲子	904
		天祐*	甲子	904	乙丑	905 十一
	杨渥	天祐*	乙丑	905 十一	戊辰	908 五
	杨隆演	天祐*	戊辰	905 五	己卯	919 三
		武义	己卯	919 四	庚辰	920 四
	杨溥	武义*	庚辰	920 五	辛巳	921 一
		顺义	辛巳	921 二	丁亥	927 十
		乾贞	丁亥	927 十一	己丑	929 十
		大和	己丑	929 十一	乙未	935 八
		天祚	乙未	935 九	丁酉	937 十
南唐	李昪	升元	丁酉	937 十	癸卯	943 二
	李璟	保大	癸卯	943 三	丁巳	957
		中兴	戊午	958 一	戊午	958 二
		交泰	戊午	958 三	戊午	958 五
		显德*	戊午	958 五	庚申	960
		建隆*	庚申	960	辛酉	961
	李煜	建隆*	辛酉	961 七	癸亥	963 十一
		乾德*	癸亥	963 十一	戊辰	968 十一
		开宝*	戊辰	968 十一	乙亥	975 十一
吴越	钱镠	天祐*	丁卯	907 五	丁卯	907 十二
		天宝	戊辰	908	壬申	912
		凤历*	癸酉	913 一	癸酉	913 一
		乾化*	癸酉	913 二	乙亥	915 十
		贞明	乙亥	915 十一	辛巳	921 四
		龙德*	辛巳	921 五	癸未	923
		宝大	甲申	924	乙酉	925
		宝正	丙戌	926	辛卯	931

（续）

朝代国名	帝　王	年　号	起始时间		终止时间	
			干支	公　元	干支	公　元
吴越	钱元瓘	长兴*	壬辰	932 四	癸巳	933
吴越	钱元瓘	应顺*	甲午	934 一	甲午	934 三
吴越	钱元瓘	清泰*	甲午	934 四	丙申	936 闰十一
吴越	钱元瓘	天福*	丙申	936 闰十一	辛丑	941 八
吴越	钱弘佐	天福*	辛丑	941 九	甲辰	944 六
吴越	钱弘佐	开运*	甲辰	944 七	丁未	947 五
吴越	钱弘倧	天福*	丁未	947 六	丁未	947 十二
吴越	钱弘俶	乾祐*	戊申	948	庚戌	950
吴越	钱弘俶	广顺*	辛亥	951	癸丑	953
吴越	钱弘俶	显德*	甲寅	954	庚申	960 一
吴越	钱弘俶	建隆*	庚申	960	癸亥	963 十一
吴越	钱弘俶	乾德*	癸亥	963 十一	戊辰	968 十一
吴越	钱弘俶	开宝*	戊辰	968 十一	丙子	976 十一
吴越	钱弘俶	太平兴国*	丙子	976 十二	戊寅	978 五
楚	马　殷	天成*	丁亥	927 六	庚寅	930
楚	马希声	长兴*	庚寅	930 十一	壬辰	932 六
楚	马希范	长兴*	壬辰	932 七	癸巳	933
楚	马希范	应顺*	甲午	934 一	甲午	934 四
楚	马希范	清泰*	甲午	934 四	丙申	936 闰十一
楚	马希范	天福*	丙申	936 十一	甲辰	944 六
楚	马希范	开运*	甲辰	944 七	丁未	947 三
楚	马希广	天福*	丁未	947 四	戊申	948 二
楚	马希广	乾祐*	戊申	948 二	庚戌	950 十一
楚	马希萼	保大*	庚戌	950 十二	辛亥	951 十一
闽	王审知	开平*	己巳	909 四	辛未	911 四
闽	王审知	乾化*	辛未	911 五	乙亥	915 十
闽	王审知	贞明*	乙亥	915 十一	辛巳	921 四
闽	王审知	龙德*	辛巳	921 五	癸未	923 三
闽	王审知	同光*	癸未	923 四	乙酉	925

（续）

朝代国名	帝王	年号	起始时间		终止时间	
			干支	公元	干支	公元
闽	王延翰	天成*	丙戌	926	丙戌	926 十二
	王延钧	天成*	丙戌	926 十二	庚寅	930 二
		长兴*	庚寅	930 二	壬辰	932
		龙启	癸巳	933	甲午	934
		永和	乙未	935 一	乙未	935 十
	王昶	永和	乙未	935 十	丙申	936 三
		通文	丙申	936 三	己亥	939 七
	王曦	永隆	己亥	939 闰七	癸卯	943 二
	王延政	天德	癸卯	943 二	乙巳	945 八
南汉	刘䶮	乾亨	丁丑	917 七	乙酉	925 十一
		白龙	乙酉	925 十二	戊子	928 二
		大有	戊子	928 三	壬寅	942 三
	刘玢	光天	壬寅	942 四	癸卯	943 二
	刘晟	应乾	癸卯	943 三	癸卯	943 十
		乾和	癸卯	943 十一	戊午	958 八
	刘鋹	大宝	戊午	958 八	辛未	971 二
前蜀	王建	天复*	丁卯	907 九	丁卯	907 十二
		武成	戊辰	908	庚午	910
		永平	辛未	911	乙亥	915
		通正	丙子	916 一	丙子	916 十二
		天汉	丁丑	917	丁丑	917
		光天	戊寅	918 一	戊寅	918 六
	王衍	光天*	戊寅	918 六	戊寅	918 十二
		乾德	己卯	919 一	甲申	924
		咸康	乙酉	925 一	乙酉	925 十一

（续）

朝代国名	帝王	年号	起始时间		终止时间	
			干支	公元	干支	公元
后蜀	孟知祥	明德	甲午	934 四	甲午	934 六
	孟昶	明德*	甲午	934 七	丁酉	937
		广政	戊戌	938	乙丑	965 一
南平（荆南）	高季兴	同光*	甲申	924 三	丙戌	926 四
		天成*	丙戌	926 四	戊子	928 六
		乾贞*	戊子	928 六	戊子	928 十二
	高从诲	乾贞*	己丑	929 一	己丑	929 六
		天成*	己丑	929 七	庚寅	930 正
		长兴*	庚寅	930 二	癸巳	933
		应顺*	甲午	934 一	甲午	934 四
		清泰*	甲午	934 四	丙申	936 闰十一
		天福*	丙申	936 闰十一	甲辰	944 六
		开运*	甲辰	944 七	丙午	946
		天福*	丁未	947	丁未	947
		乾祐*	戊申	948 一	戊申	948 十
	高宝融	乾祐*	戊申	948 十一	庚戌	950
		广顺*	辛亥	951	癸丑	953
		显德*	甲寅	954	庚申	960 七
	高保勖	建隆*	庚申	960 八	壬戌	962 十一
	高继冲	建隆*	壬戌	962 十一	癸亥	963 二
北汉	刘旻	乾祐*	辛亥	951	甲寅	954 十一
	刘钧	乾祐*	甲寅	954 十一	丙辰	956
		天会*	丁巳	957	戊辰	968 六
	刘继恩	天会*	戊辰	968 七	戊辰	968 九
	刘继元	天会*	戊辰	968 九	癸酉	973
		广运*	甲戌	974	己卯	979 五

附二：五代十国兴亡表

朝代和国名	创 建 人	公元年代	灭于何朝何国
后梁	朱温	907—923	后唐
后唐	李存勖	923—936	后晋
后晋	石敬瑭	936—946	契丹
后汉	刘知远	947—950	后周
后周	郭 威	951—960	宋
吴	杨行密	902—937	南唐
南唐	徐知诰(李昪)	937—975	宋
吴越	钱 镠	907—978	宋
楚	马 殷	907—951	南唐
闽	王审知	909—945	南唐
南汉	刘 龑	917—971	宋
前蜀	王 建	903—925	后唐
后蜀	孟知祥	934—965	宋
南平(荆南)	高季兴	924—963	宋
北汉	刘 旻	951—979	宋

十九、北宋世系

姓名	世系	庙号与谥号	陵寝	生卒年		
				生年	卒年	享年
赵匡胤	涿州人，父赵弘殷，仕后唐、后晋、后汉，后周时官左骁骑卫上将军，分典禁军；母杜氏	太祖启运立极英武睿文神德圣功至明大孝皇帝	永昌陵	927	976	五〇
赵光义（初名胤义）	太祖弟，母杜氏	太宗至仁应运神功圣德睿烈大明广孝皇帝	永熙陵	939	997	五九
赵恒（原名德昌）	太宗第三子，母李皇后	真宗应符稽古神功让德文明武定章圣元孝皇帝	永定陵	968	1022	五五
赵祯	真宗第六子，母李宸妃，以章献皇后刘氏无子，过继为养子	仁宗体天法道极功全德神文圣武睿哲明孝皇帝	永昭陵	1010	1063	五四
赵曙	太宗曾孙、濮安懿王赵允让第十三子，母任氏	英宗体乾应历隆功盛德宪文肃武睿圣宣孝皇帝	永厚陵	1032	1067	三六

（960—1127年）

在位时间			即位年龄	所用年号	备注
起始年	终止年	年限			
960	976	一七	三四	建隆、乾德、开宝	仕后周，以军功累官至殿前都典检，掌禁军。恭帝显德七年（960年）一月，领兵至陈桥驿，与部将策动兵变，被拥立为皇帝，国号宋
976	997	二二	三八	开宝※、太平兴国、雍熙、端拱、淳化、至道	即位前任开封府尹、中书令，加封晋王，位在宰相之上。太祖卒，嗣位
997	1022	二六	三〇	至道※、咸平、景德、大中祥符、天禧、乾兴	以皇太子嗣位
1022	1063	四二	一三	乾兴※、天圣、明道、景祐、宝元、康定、庆历、皇祐、至和、嘉祐	以皇太子嗣位
1063	1067	五	三二	嘉祐※、治平	年四岁，由仁宗养于宫中，后立为皇太子，以皇太子嗣位

姓 名	世 系	庙号与谥号	陵寝	生 卒 年		
				生年	卒年	享年
赵 顼	英宗长子，母高皇后	神宗体元显道法古立宪常德王功英文烈武钦仁圣孝皇帝	永裕陵	1048	1085	三八
赵 煦	神宗第六子，母朱皇后	哲宗宪元继道显德定功钦文睿武齐圣昭孝皇帝	永泰陵	1077	1100	二四
赵 佶	神宗第十一子，哲宗弟，母陈皇后	徽宗体神合道骏烈逊功圣文仁德宪慈显孝皇帝	永祐陵	1082	1135	五四
赵 桓	徽宗长子，母王皇后	钦宗恭文顺德仁孝皇帝		1100	1161	六二

〔北宋自公元960年赵匡胤代后周称帝，至公元1127年金称东都、汴梁，今河南开封市)〕

（续）

在位时间			即位年龄	所用年号	备　注
起始年	终止年	年限			
1067	1085	一九	二〇	治平※、熙宁、元丰	以皇太子嗣位
1085	1100	一六	九	元丰※、元祐、绍圣、元符	以皇太子嗣位
1100	1125	二六	一九	元符※、建中靖国、崇宁、大观、政和、重和、宣和	即位前封端王。哲宗死，嗣位。靖康二年（1127年）被金兵虏归，后死于五国城
1126	1127	二	二七	宣和※、靖康	政和五年（1115年），立为皇太子。宣和七年（1125年）十二月，受父禅即帝位。靖康元年（1126年）十一月，金兵攻破汴京。明年二月，金废钦宗及太上皇徽宗为庶人，虏至金国，北宋亡。帝在位一年又四个月

兵虏徽、钦二宗，共九帝九传，历一百六十八年，都开封（亦

附：北宋诸帝所用年号起讫时间表

帝王	年号	起始时间		终止时间	
		干支	公元	干支	公元
太祖赵匡胤	建隆	庚申	960	癸亥	963十一
	乾德	癸亥	963十一	戊辰	968十一
	开宝	戊辰	968十一	丙子	976十
太宗赵光义	开宝※	丙子	976十	丙子	976十二
	太平兴国	丙子	976十二	甲申	984十一
	雍熙	甲申	984十一	丁亥	987
	端拱	戊子	988	己丑	989
	淳化	庚寅	990	甲午	994
	至道	乙未	995	丁酉	997
真宗赵恒	至道※	丁酉	997三	丁酉	997十二
	咸平	戊戌	998	癸卯	1003
	景德	甲辰	1004	丁未	1007
	大中祥符	戊申	1008	丙辰	1016
	天禧	丁巳	1017	辛酉	1021
	乾兴	壬戌	1022一	壬戌	1022一
仁宗赵祯	乾兴※	壬戌	1022二	壬戌	1022十二
	天圣	癸亥	1023	壬申	1032十一
	明道	壬申	1032十一	癸酉	1033
	景祐	甲戌	1034	戊寅	1038十一
	宝元	戊寅	1038十一	庚辰	1040二
	康定	庚辰	1040二	辛巳	1041十一

（续）

帝　王	年　号	起始时间		终止时间	
		干支	公元	干支	公元
仁宗赵祯	庆历	辛巳	1041十一	戊子	1048
	皇祐	己丑	1049	甲午	1054三
	至和	甲午	1054三	丙申	1056九
	嘉祐	丙申	1056九	癸卯	1063
英宗赵曙	嘉祐※	癸卯	1063四	癸卯	1063十二
	治平	甲辰	1064	丁未	1067一
神宗赵顼	治平※	丁未	1067一	丁未	1067十二
	熙宁	戊申	1068	丁巳	1077
	元丰	戊午	1078	乙丑	1085
哲宗赵煦	元丰※	乙丑	1085三	乙丑	1085十二
	元祐	丙寅	1086	甲戌	1094四
	绍圣	甲戌	1094四	戊寅	1098五
	元符	戊寅	1098六	庚辰	1100一
徽宗赵佶	元符※	庚辰	1100一	庚辰	1100十二
	建中靖国	辛巳	1101一	辛巳	1101十二
	崇宁	壬午	1102	丙戌	1106
	大观	丁亥	1107	庚寅	1110
	政和	辛卯	1111	戊戌	1118十
	重和	戊戌	1118十一	己亥	1119二
	宣和	己亥	1119二	乙巳	1125十二
钦宗赵桓	宣和※	乙巳	1125十二	乙巳	1125十二
	靖康	丙午	1126	丁未	1127四

二十、南宋世系

姓名	世系	庙号与谥号	陵寝	生卒年		
				生年	卒年	享年
赵构	徽宗第九子，母韦皇后	高宗受命中兴全功至德圣神武文昭仁宪孝皇帝	永思陵	1107	1187	八一
赵昚	太祖赵匡胤七世孙，太祖少子秦王德芳之后。父季王赵子偁、母张氏	孝宗绍统同道冠德昭功哲文神武明圣成孝皇帝	永阜陵	1127	1194	六八
赵惇	孝宗第三子，母郭皇后	光宗循道宪仁明功茂德温文顺武圣哲慈孝皇帝	永崇陵	1147	1200	五四
赵扩	光宗第二子，母李皇后	宁宗法天备道纯德茂功仁文哲武圣睿恭孝皇帝	永茂陵	1168	1224	五七
赵昀	太祖十世孙，父赵希玏，母全氏	理宗建道备德大功复兴烈文仁武圣明安孝皇帝	永穆陵	1205	1264	六〇

(1127—1279年)

在位时间			即位年龄	所用年号	备注
起始年	终止年	年限			
1127	1162	三六	二一	建炎、绍兴	即位前封康王。靖康二年(1127年)四月,金兵虏徽、钦二宗。五月,康王在南京(河南商丘)即帝位
1162	1189	二八	三六	绍兴※、隆兴、乾道、淳熙	高宗无子,纳赵昚于宫中以为嗣子,后立为皇太子。高宗死,遂即位
1189	1194	六	四三	淳熙※、绍熙	以皇太子嗣位
1194	1224	三一	二七	绍熙※、庆元、嘉泰、开禧、嘉定	以皇太子嗣位
1224	1264	四一	二〇	嘉定※、宝庆、绍定、端平、嘉熙、淳祐、宝祐、开庆、景定	嘉定十七年(1224年)宁宗病危,权相史弥远称诏,另立宗室子贵诚为皇子,改名昀。同年八月宁宗死,史弥远拥立赵昀嗣位,原皇子赵竑被废

姓名	世　系	庙号与谥号	陵寝	生卒年		
				生年	卒年	享年
赵　禥	太祖十一世孙，理宗侄。父荣王与芮，理宗母弟	度宗端文明武景孝皇帝	永绍陵	1240	1274	三五
赵　㬎	度宗幼子，母全皇后	恭帝		1271	?	
赵　昰	度宗长子，母淑妃杨氏	端宗	永福陵	1268	1278	一一
赵　昺	度宗子，母修容俞氏			1271	1279	九

〔南宋自1127年五月赵构在南京（今河南商丘）即帝位，
浙江杭州市）〕

（续）

在位时间			即位年龄	所用年号	备注
起始年	终止年	年限			
1264	1274	一一	二五	景定※、咸淳	理宗无子，立禥为皇太子，理宗死，禥以太子嗣位
1274	1276	三	四	咸淳※、德祐	度宗死，权相贾似道拥立赵㬎为帝，㬎兄赵昰遂不得立。德祐二年(1276年)，蒙古军陷临安，赵㬎被俘北去
1276	1278	三	九	景炎	恭帝被蒙古军虏归，陆秀夫在温州奉益王赵昰为天下兵马都元帅。德祐二年(1276年)复拥立赵昰为帝，即位于福州。元军进逼，帝逃往硇州，病死
1278	1279	二	八	祥兴	端宗病死，陆秀夫、张世杰拥立卫王赵昺为宋主：移驻厓山。1279年正月，元军攻厓山，二月，陆秀夫负帝昺跳海死。南宋亡

至1279年为元所灭，共传九帝，历一百五十三年。都临安(今

附：南宋诸帝所用年号起讫时间表

帝王	年号	起始时间		终止时间	
		干支	公元	干支	公元
高宗赵构	建炎	丁未	1127五	庚戌	1130
	绍兴	辛亥	1131	壬午	1162
孝宗赵昚	绍兴※	壬午	1162六	壬午	1162十二
	隆兴	癸未	1163	甲申	1164
	乾道	乙酉	1165	癸巳	1173
	淳熙	甲午	1174	己酉	1189
光宗赵惇	淳熙※	己酉	1189二	己酉	1189十二
	绍熙	庚戌	1190	甲寅	1194
宁宗赵扩	绍熙※	甲寅	1194七	甲寅	1194十二
	庆元	乙卯	1195	庚申	1200
	嘉泰	辛酉	1201	甲子	1204
	开禧	乙丑	1205	丁卯	1207
	嘉定	戊辰	1208	甲申	1224

（续）

帝王	年号	起始时间		终止时间	
		干支	公元	干支	公元
理宗赵昀	嘉定※	甲申	1224 八	甲申	1224 十二
	宝庆	乙酉	1225	丁亥	1227
	绍定	戊子	1228	癸巳	1233
	端平	甲午	1234	丙申	1236
	嘉熙	丁酉	1237	庚子	1240
	淳祐	辛丑	1241	壬子	1252
	宝祐	癸丑	1253	戊午	1258
	开庆	己未	1259 一	己未	1259 十二
	景定	庚申	1260	甲子	1264 一
度宗赵禥	景定※	甲子	1264 一	甲子	1264 十二
	咸淳	乙丑	1265	甲戌	1274
恭帝赵㬎	咸淳※	甲戌	1274 七	甲戌	1274 十二
	德祐	乙亥	1275	丙子	1276 四
端宗赵昰	景炎	丙子	1276 五	戊寅	1278 四
卫王赵昺	祥兴	戊寅	1278 五	己卯	1279 二

二十一、辽世系

姓　名	世　系	庙号与谥号	陵　寝	生卒年		
				生年	卒年	享年
耶律阿保机(姓耶律,名亿,字阿保机)	契丹迭剌部霞濑益石烈乡耶律弥里人,德祖皇帝撒剌之长子,母萧氏	太祖大圣大明神烈天皇帝	祖陵	872	926	五五
耶律德光	太祖第二子,母萧皇后	太宗孝武惠文皇帝	怀陵	902	947	四六
耶律阮	太宗德光之侄,东丹王耶律信长子,母萧氏	世宗孝和庄宪皇帝	显陵	918	951	三四
耶律璟(小字述律)	太宗长子,母萧皇后	穆宗孝安敬正皇帝	怀陵(附太宗葬)	931	969	三九

(916—1125年)

在位时间			即位年龄	所用年号	备注
起始年	终止年	年限			
916	926	一一	四五	神册、天赞、天显	其先世累代为契丹迭剌部酋长和部落联盟军事统帅。唐天复元年(901年),阿保机立为本部夷立堇,专征讨。903年,继任于越总知军国事。907年被选为契丹八部首领,连任九年,伏杀七部首领,统一契丹诸部。后梁贞明二年(916年)称帝,国号契丹(947年改称辽)
927	947	二一	二六	天显※、会同、大同	太祖死,由地皇后(述律后)摄军国事。一年后,德光在述律后支持下夺取其兄耶律信之皇位继承权即位
947	951	五	三〇	大同※、天禄	即位前随太宗南入大梁,封永康王。大同元年(947年)四月,太宗卒于栾城,耶律阮于回军途中受从征诸将拥戴为帝嗣位。951年,帝率军攻后周救北汉,从征将领察割等发动兵变,帝被杀
951	969	一九	二一	应历	即位前封寿安王。天禄五年(951年)世宗被察割等人所杀,时璟随征在军中,诛察割,即帝位。应历十九年(969年)二月,为近侍小哥等人所杀,附葬怀陵

姓　名	世　系	庙号与谥号	陵寝	生卒年		
				生年	卒年	享年
耶律贤	世宗第二子，母萧皇后	景宗孝成康靖皇帝	乾陵	948	982	三五
耶律隆绪	景宗长子，母萧皇后	圣宗文武大孝宣皇帝	庆陵	971	1031	六一
耶律宗真	圣宗长子，母萧元妃（尊钦哀皇后）	兴宗神圣孝章皇帝	庆陵（附葬圣宗陵）	1016	1055	四〇
耶律洪基	兴宗长子，母萧皇后	道宗仁圣大孝文皇帝	庆陵（附葬圣宗陵）	1032	1101	七〇
耶律延禧	道宗长孙，父耶律濬（道宗长子），母萧氏（追尊皇后）	天祚帝		1075	1128	五四

〔公元 916 年，耶律阿保机建国，国号大契丹，两年后建都皇
复国号大契丹，1066 年又曾复称大辽，改皇都为上京。1125 年

（续）

在位时间			即位年龄	所用年号	备　注
起始年	终止年	年限			
969	982	一四	二二	保宁、乾亨	四岁时，被穆宗收养于宫中，穆宗被害，耶律贤与大臣萧思温、女里、高勋等领兵即位于穆宗柩前
982	1031	五〇	一二	乾亨※、统和、开泰、太平	即位前封梁王。景宗卒，嗣位。以年幼，由萧太后（名绰，小字燕燕）摄政。太后临朝二十七年
1031	1055	二五	一六	景福、重熙	以皇太子嗣位
1055	1101	四七	二四	清宁、咸雍、大(太)康、大安、寿昌	六岁封梁王，后进封燕国王、燕赵国王。兴宗卒，嗣位
1101	1125	二五	二七	乾统、天庆、保大	六岁封梁王，后进封燕国王。道宗卒，嗣位。在位期间，女真族渐盛，辽上京、中京、西京皆被女真（金）所陷，保大五年（1125 年）二月，帝为金兵所俘，辽亡

都（今内蒙古巴林左旗南波罗城）。947 年改国号为大辽，983 年为金所灭。辽共传九帝，历二百一十年〕

附：辽代诸帝所用年号起讫时间表

帝王	年号	起始时间		终止时间	
		干支	公元	干支	公元
太祖耶律阿保机	神册	丙子	916 十二	壬午	922 一
	天赞	壬午	922 二	丙戌	926 二
	天显	丙戌	926 二	丙戌	926 七
太宗耶律德光	天显※	丁亥	927 十一	戊戌	938 十
	会同	戊戌	938 十一	丁未	947 一
	大同	丁未	947 二	丁未	947 四
世宗耶律阮	大同※	丁未	947 四	丁未	947 九
	天禄	丁未	947 九	辛亥	951 九
穆宗耶律璟	应历	辛亥	951 九	己巳	969 二
景宗耶律贤	保宁	己巳	969 二	己卯	979 十一
	乾亨	己卯	979 十一	壬午	982 九
圣宗耶律隆绪	乾亨※	壬午	982 九	癸未	983 六
	统和	癸未	983 六	壬子	1012 闰十
	开泰	壬子	1012 十一	辛酉	1021 十一
	太平	辛酉	1021 十一	辛未	1031 六

（续）

帝王	年号	起始时间		终止时间	
		干支	公元	干支	公元
兴宗耶律宗真	景福	辛未	1031 六	壬申	1032 十一
	重熙	壬申	1032 十一	乙未	1055 八
道宗耶律洪基	清宁	乙未	1055 八	甲辰	1064
	咸雍	乙巳	1065	甲寅	1074
	大(太)康	乙卯	1075	甲子	1084
	大安	乙丑	1085	甲戌	1094
	寿昌	乙亥	1095	辛巳	1101
天祚帝耶律延禧	乾统	辛巳	1101 二	庚寅	1110
	天庆	辛卯	1111	庚子	1120
	保大	辛丑	1121	乙巳	1125 二

二十二、金世系

姓名	世系	庙号与谥号	陵寝	生卒年		
				生年	卒年	享年
完颜阿骨打	女真族完颜部人，父劾里钵，母拏懒氏	太祖应乾兴运昭德定功睿神庄孝仁明大圣武元皇帝	和陵（改称睿陵）	1068	1123	五六
完颜晟（又名吴乞买）	劾里钵第四子，太祖阿骨打弟，母拏懒氏	太宗体元应运世德昭功哲惠仁圣文烈皇帝	和陵（改称恭陵）	1075	1135	六一
完颜亶（又名合剌）	太祖孙，太宗侄。父宗峻，太祖第二子。母蒲察氏	闵宗（后改熙宗）弘基缵武庄靖孝成皇帝	思陵	1119	1149	三一
完颜亮（本名迪古乃）	太祖孙。父宗幹，太祖庶长子。母大氏	废帝海陵王		1122	1161	四〇

（1115—1234年）

在位时间			即位年龄	所用年号	备注
起始年	终止年	年限			
1115	1123	九	四八	收国、天辅	辽天庆三年，阿骨打继任都勃极烈（完颜部首领），天庆四年大败辽军，后逐渐统一女真各部。天庆五年（1115年）称帝，国号金，都会宁
1123	1135	一三	四九	天会	太祖卒，嗣位。即位后，于天会三年（1125年）灭辽，臣服西夏。天会四年冬，陷开封。天会五年（1127年）四月，金兵虏宋徽宗、钦宗北归，灭北宋
1135	1149	一五	一七	天会※、天眷、皇统	太宗晚年，改兄终弟及继承制，立太祖孙完颜亶为谙班勃极烈（皇位继承人）。太宗卒，亶嗣位。1149年，为完颜亮所杀
1149	1161	一三	二八	天德、贞元、正隆	皇统九年十二月，杀熙宗自立。贞元元年迁都于燕京，后迁都于汴京。正隆六年（1161年）在与宋军作战败逃途中，被部将杀死

姓　名	世　系	庙号与谥号	陵　寝	生卒年		
				生年	卒年	享年
完颜雍（本名马禄）	太祖孙，父宗尧，母李氏	世宗光天兴运文德武功圣明仁孝皇帝	兴陵	1123	1189	六七
完颜璟（小字麻达葛）	世宗嫡孙。父允恭，世宗第二子。母单皇后	章宗宪天光运仁文义武神圣英孝皇帝	道陵	1168	1208	四一
完颜永济（又名允济）	世宗第七子，母李元妃	卫绍王		1168	1213	四六
完颜珣（本名吾睹补）	世宗孙，章宗兄，父允恭，母昭华刘氏	宣宗继天兴统述道勤仁英武圣孝皇帝	德陵	1163	1223	六一
完颜守绪（又名宁甲速）	宣宗第三子，母王皇后	哀宗（义宗）		1198	1234	三七

〔公元 1115 年，完颜阿骨打称帝，国号金，都会宁（今黑龙江宋。先后迁都于中都（今北京）、开封等地。公元 1234 年，在蒙古

（续）

在位时间			即位年龄	所用年号	备注
起始年	终止年	年限			
1161	1189	二九	三九	大定	正隆六年(1161年)，海陵王(废帝)自辽东征调大批女真南下侵宋。从征的女真猛安完颜福寿率万余人于中途叛乱，逃回辽阳，杀东京副留守高存福，拥立留守完颜雍即帝位。即位后下诏书废海陵王，定都于中都(今北京)
1189	1208	二〇	二二	大定※、明昌、承安、泰和	以皇太子嗣位
1208	1213	六	四一	泰和※、大安、崇庆、至宁	章宗时，封潞王，进封韩王、卫王。章宗卒，嗣位。至宁元年(1213年)，抗击蒙古军的金国右副元帅胡沙虎叛乱，率兵入宫，帝被杀。谥曰绍，复卫王爵
1213	1223	一一	五一	贞祐、兴定、元光	章宗时封翼王、邢王、升王。卫绍王被杀，乃即位
1223	1234	一二	二六	正大、开兴、天兴	以皇太子嗣位。开兴元年(1232年)，蒙古军围汴京，帝出逃，至蔡州。天兴三年(1234年)正月，宋、蒙联军攻蔡州，帝传位于完颜承麟，百官朝贺甫毕，城破，帝自缢，承麟率群臣入哭，谥曰哀宗。是日，承麟亦为乱兵所杀，金亡

阿城)。太宗天会三年(1125年)灭辽，天会五年(1127年)灭北和南宋联合进攻下灭亡。共传九帝，历一百二十年〕

附：金代诸帝所用年号起讫时间表

帝王	年号	起始时间		终止时间	
		干支	公元	干支	公元
太祖完颜阿骨打	收国	乙未	1115	丙申	1116
	天辅	丁酉	1117	癸卯	1123
太宗完颜晟	天会	癸卯	1123九	乙卯	1135
熙宗完颜亶	天会※	乙卯	1135一	丁巳	1137十二
	天眷	戊午	1138	庚申	1140
	皇统	辛酉	1141	己巳	1149
废帝海陵王完颜亮	天德	己巳	1149十二	癸酉	1153三
	贞元	癸酉	1153三	丙子	1156一
	正隆	丙子	1156二	辛巳	1161十
世宗完颜雍	大定	辛巳	1161十	己酉	1189一
章宗完颜璟	大定※	己酉	1189一	己酉	1189十二
	明昌	庚戌	1190	丙辰	1196十一

（续）

帝王	年号	起始时间		终止时间	
		干支	公元	干支	公元
章宗完颜璟	承安	丙辰	1196十一	庚申	1200
	泰和	辛酉	1201	戊辰	1208
卫绍王完颜永济	泰和※	戊辰	1208十一	戊辰	1208十二
	大安	己巳	1209	辛未	1211
	崇庆	壬申	1212	癸酉	1213四
	至宁	癸酉	1213五	癸酉	1213九
宣宗完颜珣	贞祐	癸酉	1213九	丁丑	1217九
	兴定	丁丑	1217九	壬午	1222八
	元光	壬午	1222八	癸未	1223
哀宗完颜守绪	正大	甲申	1224	辛卯	1231
	开兴	壬辰	1232一	壬辰	1232四
	天兴	壬辰	1232四	甲午	1234一

二十三、西夏世系

姓　名	世　系	庙号与谥号	陵　寝	生卒年		
				生年	卒年	享年
李元昊	党项族(羌族一支)人。父李德明受辽封为大夏国王,受宋仁宗封为夏国王。母慕容氏	景宗武烈皇帝	泰陵	1003	1048	四六
李谅祚	母没藏氏,与元昊私通而生谅祚	毅宗昭英皇帝	安陵	1047	1067	二一
李秉常	毅宗子,母梁皇后	惠宗康靖皇帝	献陵	1060	1086	二七
李乾顺	惠宗子,母梁皇后	崇宗圣文皇帝	显陵	1083	1139	五七
李仁孝	崇宗长子,母曹氏	仁宗圣德皇帝	寿陵	1124	1193	七〇

(1038—1227年)

在位时间			即位年龄	所用年号	备注
起始年	终止年	年限			
1032	1048	一七(在帝位一一年)	三〇	显道、开运、广运、大庆、天授礼法延祚	宋明道元年(1032年)其父卒,元昊以太子嗣位。1038年称"吾祖"(可汗,皇帝),国号大夏,都兴庆府
1049	1067	一九	三	延嗣宁国、天祐垂圣、福圣承道、䢊都、拱化	景宗末年,废太子宁明,立宁令哥。复废宁令哥,立私生子谅祚。景宗死,谅祚以太子嗣位
1067	1086	二〇	八	乾道、天赐礼盛国庆、大安、天安礼定	以皇太子嗣位,年仅八岁,由太后梁氏(汉人)摄政,至帝卒,仍由母党专权
1086	1139	五四	四	天仪治平、天祐民安、永安、贞观、雍宁、元德、正德、大德	以皇太子嗣位,年仅四岁,由其母梁太后摄政,永安二年(1099年),帝十七岁,梁太后被辽国毒死,帝始亲政
1140	1193	五四	一七	大庆、人庆、天盛、乾祐	以皇太子嗣位

姓　名	世　系	庙号与谥号	陵　寝	生卒年		
				生年	卒年	享年
李纯祐	仁宗长子，母罗皇后	桓宗昭简皇帝	庄陵	1177	1206	三〇
李安全	崇宗之孙，越王仁友（仁宗弟）之子	襄宗敬穆皇帝	康陵	1170	1211	四二
李遵顼	齐王李彦宗之子	神宗英文皇帝		1163	1226	六四
李德旺	神宗子	献宗		1181	1226	四六
李睍	献宗侄，清平郡王之子	（末主）		?	1227	

〔西夏自公元1038年李元昊称帝，至1227年末帝降于蒙
地区有今宁夏、陕北、甘肃西北部、青海东北部和内蒙一部，最盛

（续）

在位时间			即位年龄	所用年号	备　注
起始年	终止年	年限			
1193	1206	一四	一七	天庆	以皇太子嗣位。天庆十三年(1206年)正月，为李安全和罗太后所废，三月暴卒
1206	1211	六	三七	应天、皇建	天庆十三年(1206年)正月，李安全与罗太后合谋废桓宗，自立为帝。皇建二年(1211年)七月被废
1211	1223	一三	四九	光定	即位前，嗣父齐王爵。皇建二年七月，襄宗被废，遵顼继立。1223年传位于其子德旺，自称太上皇
1223	1226	四	四三	乾定	受父禅即位
1226	1227	二		宝义	献宗死，被国人拥立为帝。1227年，蒙古军围夏都兴庆府，六月，李晛降，被杀，西夏亡

古，共传十主，历一百九十年。都兴庆府(今宁夏银川市)。统治时辖二十三州〕

附：西夏诸帝所用年号起讫时间表

帝　王	年　号	起始时间		终止时间	
		干支	公元	干支	公元
景宗李元昊	显道	壬申	1032	甲戌	1034六
	开运	甲戌	1034七	甲戌	1034七
	广运	甲戌	1034八	丙子	1036
	大庆	丙子	1036十二	戊寅	1038九
	天授礼法延祚	戊寅	1038十	戊子	1048
毅宗李谅祚	延嗣宁国	己丑	1049一	己丑	1049十二
	天祐垂圣	庚寅	1050	壬辰	1052
	福圣承道	癸巳	1053	丙申	1056
	䄅都	丁酉	1057	壬寅	1062
	拱化	癸卯	1063	丁未	1067
惠宗李秉常	乾道	丁未	1067	戊申	1068
	天赐礼盛国庆	己酉	1069	甲寅	1074
	大安	乙卯	1075	乙丑	1085
	天安礼定	丙寅	1086一	丙寅	1086七
崇宗李乾顺	天仪治平	丙寅	1086七	己巳	1089
	天祐民安	庚午	1090	丁丑	1097

（续）

帝　王	年　号	起始时间		终止时间	
		干支	公元	干支	公元
崇宗李乾顺	永安	戊寅	1098	庚辰	1100
	贞观	辛巳	1101	癸巳	1113
	雍宁	甲午	1114	戊戌	1118
	元德	己亥	1119	丁未	1127 三
	正德	丁未	1127 四	甲寅	1134
	大德	乙卯	1135	己未	1139
仁宗李仁孝	大庆	庚申	1140	癸亥	1143
	人庆	甲子	1144	戊辰	1148
	天盛	己巳	1149	己丑	1169
	乾祐	庚寅	1170	癸丑	1193
桓宗李纯祐	天庆	甲寅	1194	丙寅	1206 一
襄宗李安全	应天	丙寅	1206	己巳	1209
	皇建	庚午	1210	辛未	1211 八
神宗李遵顼	光定	辛未	1211 八	癸未	1223
献宗李德旺	乾定	癸未	1223 十二	丙戌	1226 七
末主李睍	宝义	丙戌	1226 七	丁亥	1227 六

二十四、元世系

姓　名	世　系	庙号与谥号	陵寝	生卒年		
				生年	卒年	享年
孛儿只斤铁木真(以下诸帝,仅列名字,不复列具姓氏"孛儿只斤")	被尊为成吉思汗。属蒙古尼伦部孛儿只斤氏族。父也速该,尼伦部首领;母诃额伦	太祖法天启运圣武皇帝	起辇谷	1162	1227	六六
窝阔台	铁木真第三子,母弘吉剌氏	太宗英文皇帝	起辇谷	1186	1241	五六
贵由	太宗长子,母六皇后乃马真氏	定宗简平皇帝	起辇谷	1206	1248	四三
蒙哥	成吉思汗孙,拖雷长子,母太后怯烈氏	宪宗桓肃皇帝	起辇谷	1208	1259	五二
忽必烈	成吉思汗孙,拖雷第四子,宪宗蒙哥弟	世祖圣德神功文武皇帝	起辇谷	1215	1294	八〇

(1271—1368年)

在位时间			即位年龄	所用年号	备　注
起始年	终止年	年限			
1206	1227	二二	四五	(无)	金世宗大定二十九年(1189年),被蒙古尼伦部拥戴为汗。后击败塔塔儿、乃蛮、克烈等部,统一漠北,南宋开禧二年(1206年)被蒙古各部酋长推为蒙古大汗,尊号为成吉思汗,蒙古帝国正式诞生
1229	1241	一三	四四	(无)	1227年成吉思汗死,以第四子拖雷为监国。1229年耶律楚材以太祖遗诏召诸王毕会,请立窝阔台,拖雷与诸王即奉窝阔台即汗位。即位后与南宋联合灭金
1246	1248	三	四一	(无)	1241年太宗死,遗诏立皇孙失烈门为嗣,皇后乃马真氏不从,乃自称制。1246年七月,乃马真氏会诸王、百官,立皇子贵由为大汗
1251	1259	九	四四	(无)	定宗卒,皇后海迷失称制,立皇子失烈门,诸王不服。1251年,在忽里勒台大会上,蒙哥被诸王拥立为大汗,蒙哥汗八年,派大军攻宋。九年(1259年)七月,死于攻宋军中
1260	1294	三五	四六	中统、至元	蒙哥汗元年,受命总管漠南汉地,蒙哥汗九年(1259年)率军攻南宋鄂州,闻蒙哥汗死,与其弟阿里不哥争夺汗位,遣军迎蒙哥灵輦,收皇帝玺,十年(1260年)抵开平,废除由忽里勒台大会选举大汗之制,由部分贵族支持,即大汗位,建年号中统。后自和林迁都于燕京,改称大都。至元八年(1271年),定国号为元。至元十六年(1279年)灭南宋

姓　名	世　系	庙号与谥号	陵寝	生卒年		
				生年	卒年	享年
铁穆耳	世祖之孙，父皇太子真金，母太后弘吉烈氏	成宗钦明广孝皇帝	起辇谷	1265	1307	四三
海山	成宗之兄答剌麻八剌之长子，母太后弘吉剌氏	武宗仁惠宣孝皇帝	起辇谷	1281	1311	三一
爱育黎拔力八达	武宗弟，父答剌麻八剌，母太后弘吉剌氏	仁宗圣文钦孝皇帝	起辇谷	1285	1320	三六
硕德八剌	仁宗嫡子，母皇后弘吉剌氏	英宗睿圣文孝皇帝	起辇谷	1303	1323	二一
也孙铁木儿	忽必烈曾孙，父甘麻剌（真金太子之长子）	泰定帝	起辇谷	1293	1328	三六
阿速吉八	泰定帝幼子	天顺帝		1320	？	

（续）

在位时间			即位年龄	所用年号	备注
起始年	终止年	年限			
1294	1307	一四	三〇	元贞、大德	因其父皇太子真金早卒，故于至元三十年被立为皇太孙，太祖死，即帝位
1307	1311	五	二七	大德※、至大	即位前封怀宁王。大德十一年正月成宗卒，二月，成宗兄子爱育黎拔力八达监国，迎其兄海山，五月，海山即帝位
1311	1320	一〇	二七	至大※、皇庆、延祐	武宗即位初立以为皇太子，武宗卒，遂即位
1320	1323	四	一八	延祐※、至治	以皇太子嗣位，在“南坡之变”中被政敌铁失等蒙古贵族杀害
1323	1328	六	三一	至治※、泰定、致和	即位前封晋王，镇守漠北，至治三年（1323年）八月英宗被害，九月，也孙铁木儿在漠北被铁失等拥立为帝
1328	1328	一	九	天顺	泰定帝死后，大都发生政变，签枢密院事燕帖木儿集百官于兴圣宫，宣布迎立武宗次子图帖睦尔。时丞相倒剌沙在上都，闻变，于1328年九月拥立皇太子阿速吉八即帝位。同年十月，图帖睦尔统兵入上都，天顺帝不知所终，在位仅一个月

姓　名	世　系	庙号与谥号	陵寝	生卒年		
				生年	卒年	享年
图帖睦尔	武宗次子，母皇后唐兀氏	文宗圣明元孝皇帝	起辇谷	1304	1332	二九
和世㻋	武宗长子，文宗兄，母皇后亦乞烈氏	明宗翼献景孝皇帝	起辇谷	1300	1329	三〇
懿璘质班	明宗次子，母皇后乃蛮真氏	宁宗冲圣嗣孝皇帝	起辇谷	1326	1332	七
妥懽帖睦尔	明宗长子，母罕禄鲁氏	惠宗顺帝		1320	1370	五一

〔公元 1206 年铁木真统一蒙古各部，建立蒙古汗国，铁木古人民共和国额尔德尼桑图附近）。1260 年忽必烈即位，1271 年1368 年被朱元璋所灭。自忽必烈定国号为元，到元朝灭亡，共历一百六十三年〕

（续）

在位时间			即位年龄	所用年号	备　注
起始年	终止年	年限			
1328	1332	五	二五	天历、至顺	泰定五年（1328年）泰定帝卒，九月，燕帖木儿拥立怀王图帖睦尔为帝。天历二年（1329年）正月，明宗和世㻋在漠北即帝位。三月，文宗图帖睦尔遣使奉皇帝玺北迎明宗。四月，明宗立文宗为皇太子，八月，明宗南下，文宗亲迎。明宗宴皇太子及诸王，被害暴卒，文宗复位。1332年八月，文宗病死于上都
1329	1329	一	三〇	天历※	泰定帝死，图帖睦尔在大都被拥立为帝，时天历元年九月。天历二年（1329年）正月，图帖睦尔遣使迎其兄和世㻋即帝位，是为明宗。八月，图帖睦尔将明宗毒死，复位。明宗在位仅八个月
1332	1332	一	七	至顺※	至顺三年（1332年）八月文宗卒，皇后卜答失里奉遗诏立明宗次子鄜王懿璘质班为帝。十月即位，十一月卒，在位仅四十三日
1333	1368	三六	一四	至顺※、元统、至元、至正	至顺三年（1332年）十一月宁宗卒，文宗皇后卜答失里立明宗长子妥懽帖睦尔为帝，因遭权臣燕铁木儿反对，次年六月始即位，改元元统。至正十一年（1351年）红巾军起义爆发。至正二十八年（1368年）朱元璋部将徐达兵逼大都，顺帝北走。徐达克大都，元亡。1370年，顺帝病死于应昌

真被拥戴为成吉思汗。1234年灭金，1235年定都于和林（今蒙定国号为元。1279年灭南宋，统一全国，定都于大都（今北京）。传十一帝，历九十八年。自成吉思汗建国至元亡，共传十五帝，

附：元朝诸帝所用年号起讫时间表

帝王	年号	起始时间		终止时间	
		干支	公元	干支	公元
世祖忽必烈	中统	庚申	1260五	甲子	1264八
	至元	甲子	1264八	甲午	1294
成宗铁穆耳	元贞	乙未	1295	丁酉	1297二
	大德	丁酉	1297二	丁未	1307
武宗海山	大德※	丁未	1307五	丁未	1307十二
	至大	戊申	1308	辛亥	1311
仁宗爱育黎拔力八达	至大※	辛亥	1311三	辛亥	1311十二
	皇庆	壬子	1312	癸丑	1313
	延祐	甲寅	1314	庚申	1320
英宗硕德八剌	延祐※	庚申	1320二	庚申	1320十二
	至治	辛酉	1321	癸亥	1323

（续）

帝　王	年　号	起始时间		终止时间	
		干支	公元	干支	公元
泰定帝也孙铁木儿	至治※	癸亥	1323 八	癸亥	1323 十二
	泰定	甲子	1324	戊辰	1328 二
	致和	戊辰	1328 二	戊辰	1328 八
天顺帝阿速吉八	天顺	戊辰	1328 九	戊辰	1328 九
文宗图帖睦尔	天历	戊辰	1328 九	庚午	1330 五
	至顺	庚午	1330 五	癸酉	1333 十
明宗和世㻋	天历※	己巳	1329 一	己巳	1329 八
宁宗懿璘质班	至顺※	壬申	1332 十	壬申	1332 十一
顺帝妥懽帖睦尔	至顺※	癸酉	1333 六	癸酉	1333 九
	元统	癸酉	1333 十	乙亥	1335 十一
	至元	乙亥	1335 十一	庚辰	1340
	至正	辛巳	1341	庚戌	1370

二十五、明世系

姓名	世系	庙号与谥号	陵寝	生卒年		
				生年	卒年	享年
朱元璋	祖籍沛，后徙句容，再徙泗州，父朱世珍，居濠州钟离，母陈氏	太祖开天行道肇纪立极大圣至神仁文义武俊德成功高皇帝	孝陵	1328	1398	七一
朱允炆	太祖嫡孙，懿文太子朱标第二子，母吕妃	恭闵惠皇帝		1377	1402	二六
朱　棣	太祖第四子，母皇后马氏	成祖启天弘道高明肇运圣武神功纯仁至孝文皇帝	长陵	1360	1424	六五
朱高炽	成祖长子，母仁孝文皇后徐氏	仁宗敬天体道纯诚至德弘文钦武章圣达孝昭皇帝	献陵	1378	1425	四八
朱瞻基	仁宗长子，母张皇后	宣宗宪天崇道英明神圣钦文昭武宽仁纯孝章皇帝	景陵	1398	1435	三八

（1368—1644年）

在位时间			即位年龄	所用年号	备注
起始年	终止年	年限			
1368	1398	三一	四一	洪武	十七岁入皇觉寺为僧，元至正十一年（1351年）红巾军起义爆发，次年投军，隶郭子兴部，娶子兴养女马氏为妻。至正十五年郭子兴卒，朱元璋统其军。1363年击败陈友谅，次年自立为吴王。后消灭张士诚、方国珍，统一中国南方。寻北取中原。元至正二十八年（1368年）正月称帝，建元洪武，国号明，定都应天府
1398	1402	五	二二	洪武※、建文	洪武二十五年，懿文皇太子朱标病死，其子允炆被立为皇太孙。洪武三十一年闰五月太祖病死，允炆以皇太孙嗣位。建文四年六月，燕王攻陷应天府，允炆自焚而死（一说不知所终）
1402	1424	二三	四三	洪武※、永乐	即位前封燕王。惠帝纳齐泰、黄子澄削藩之策，燕王起兵反，称"靖难"。建文四年六月，破京师，夺得帝位，改建文四年为洪武三十五年，明年为永乐元年。永乐十八年定都北京
1424	1425	二	四七	永乐※、洪熙	即位前封燕王世子，后被立为皇太子。成祖死，即帝位
1425	1435	一一	二八	洪熙※、宣德	永乐九年立为皇太孙，洪熙元年正月立为皇太子。五月仁宗卒，六月嗣位

姓　名	世　系	庙号与谥号	陵　寝	生卒年		
				生年	卒年	享年
朱祁镇	宣宗长子，母孙贵妃	英宗法天立道仁明诚敬昭文宪武至德广孝睿皇帝	裕陵	1427	1464	三八
朱祁钰	宣宗次子，英宗之弟，母吴贤妃	代宗恭仁康定景皇帝	（以亲王礼葬西山）	1428	1457	三〇
朱见深	英宗长子，母周贵妃	宪宗继天凝道诚明仁敬崇文肃武宏德至孝纯皇帝	茂陵	1447	1487	四一
朱祐樘	宪宗第三子，母纪淑妃	孝宗建天明道诚纯中正圣文神武至仁大德敬皇帝	泰陵	1470	1505	三六
朱厚照	孝宗长子，母张皇后	武宗承天达道英肃睿哲昭德显功弘文思孝毅皇帝	康陵	1491	1521	三一
朱厚熜	宪宗孙，孝宗侄，武宗堂弟，父兴献王朱祐杬（宪宗第四子），母蒋氏	世宗钦天履道英毅圣神宣文广武洪仁大孝肃皇帝	永陵	1507	1566	六〇
朱载垕	世宗第三子，母杜康妃	穆宗契天隆道渊懿宽仁显文光武纯德弘孝庄皇帝	昭陵	1537	1572	三六

（续）

在位时间			即位年龄	所用年号	备注
起始年	终止年	年限			
①1435 ②1457	1449 1464	一五 八	九	宣德※ ①正统 ②天顺	以皇太子嗣位。正统十四年（1449年），瓦剌南侵，英宗亲征，败于土木堡，被生俘，郕王即位，遥尊帝为太上皇。次年英宗回京入居南宫。景泰八年（1457年），英宗复辟
1449	1457	九	二二	正统※、景泰	即位前封郕王。正统十四年（1449年）七月，英宗亲征瓦剌，郕王留守北京。八月败耗传京，郕王奉太后命监国，九月，为于谦等拥立，即帝位。景泰八年（1457年）英宗复位，废景帝仍为郕王，寻病死
1464	1487	二四	一八	天顺※、成化	天顺八年（1464年）正月英宗卒，帝以皇太子嗣位
1487	1505	一九	一八	成化※、弘治	以皇太子嗣位
1505	1521	一七	一五	弘治※、正德	以皇太子嗣位。正德十六年（1521年）三月死于“豹房”
1521	1566	四六	一五	正德※、嘉靖	武宗死，无嗣，朱厚熜由安陆（其父兴献王朱祐杬之封国）至京嗣位（由慈寿皇太后与大学士杨廷和定策）
1566	1572	七	三〇	隆庆	嘉靖十八年封裕王，嘉靖四十五年十二月世宗卒，乃即位

姓　名	世　系	庙号与谥号	陵　寝	生卒年		
				生年	卒年	享年
朱翊钧	穆宗第三子，母李贵妃	神宗范天合道哲肃敦简光文章武安仁止孝显皇帝	定陵	1563	1620	五八
朱常洛	神宗长子，母王恭妃	光宗崇天契道英睿恭纯宪文景武渊仁懿孝贞皇帝	庆陵	1582	1620	三九
朱由校	光宗长子，母选侍王氏	熹宗达天阐道敦孝笃友章文襄武靖穆庄勤悊皇帝	德陵	1605	1627	二三
朱由检	光宗第五子，熹宗弟，母刘贤妃	思宗庄烈愍皇帝（后改毅宗）	思陵	1610	1644	三五

〔明朝自公元1368年朱元璋称帝，至1644年亡于农民起市），永乐十九年（1421年）迁都于北京（今北京市）。
朱由崧由马士英等拥立，在南京即帝位，改明年为弘光元年，是旋起旋灭，最后亡于清康熙六年（1667年）。史称清兵入关后明

（续）

在位时间			即位年龄	所用年号	备　注
起始年	终止年	年限			
1572	1620	四九	一〇	隆庆※、万历	以皇太子嗣位
1620	1620	一	三九	泰昌	万历四十八年七月神宗死，八月，光宗以皇太子嗣位。以服食鸿胪寺丞李可灼所进红丸药而死，在位仅一个月，史称“红丸案”。明宫三大案（梃击案、红丸案、移宫案），皆发生于光宗即位前后
1620	1627	八	一六	泰昌※、天启	光宗服红丸中毒而死，左光斗、杨涟等拥立光宗长子朱由校即位。即位后，封乳母客氏为奉圣夫人，宦官魏忠贤掌司礼监，客、魏勾结，专擅朝政
1627	1644	十八	一八	天启※、崇祯	即位前封信王，熹宗卒，无子，朱由检遵遗诏即帝位。崇祯元年，农民起义爆发；崇祯十七年（1644年）三月，李自成率农民起义军攻克北京，崇祯帝自缢于煤山，明亡。清军入关，谥怀宗，后改庄烈帝；南明谥思宗，后改毅宗

义，共传十六帝，历二百七十七年。初都应天（今江苏南京

明亡后，清兵入关，于1644年五月陷北京。是月，明福王

为弘光帝。此后，明室诸王在南京、福州、广州等地建立政权，

宗室所建政权为南明〕

附：明朝诸帝所用年号起讫时间表

帝王	年号	起始时间		终止时间	
		干支	公元	干支	公元
太祖朱元璋	洪武	戊申	1368	戊寅	1398
惠帝朱允炆	洪武※	戊寅	1398闰五	戊寅	1398十二
	建文	己卯	1399	壬午	1402六
成祖朱棣(即位后,复称洪武三十五年,明年改元永乐)	洪武※	壬午	1402七	壬午	1402十二
	永乐	癸未	1403	甲辰	1424
仁宗朱高炽	永乐※	甲辰	1424八	甲辰	1424十二
	洪熙	乙巳	1425	乙巳	1425五
宣宗朱瞻基	洪熙※	乙巳	1425六	乙巳	1425十二
	宣德	丙午	1426	乙卯	1435
英宗朱祁镇(即位后改元正统,复辟后改元天顺)	宣德※	乙卯	1435一	乙卯	1435十二
	正统	丙辰	1436	己巳	1449八
	天顺	丁丑	1457	甲申	1464一
代宗(景帝)朱祁钰	正统※	己巳	1449九	己巳	1449十二
	景泰	庚午	1450	丁丑	1457一
宪宗朱见深	天顺※	甲申	1464一	甲申	1464十二
	成化	乙酉	1465	丁未	1487八
孝宗朱祐樘	成化※	丁未	1487八	丁未	1487十二
	弘治	戊申	1488	乙丑	1505五

（续）

帝　王	年　号	起始时间		终止时间	
		干支	公元	干支	公元
武宗朱厚照	弘治※	乙丑	1505 五	乙丑	1505 十二
	正德	丙寅	1506	辛巳	1521 四
世宗朱厚熜	正德※	辛巳	1521 四	辛巳	1521 十二
	嘉靖	壬午	1522	丙寅	1566
穆宗朱载垕	隆庆	丁卯	1567	壬申	1572 五
神宗朱翊钧	隆庆※	壬申	1572 六	壬申	1572 十二
	万历	癸酉	1573	庚申	1620 七
光宗朱常洛	泰昌	庚申	1620 八	庚申	1620 八
熹宗朱由校	泰昌※	庚申	1620 九	庚申	1620 十二
	天启	辛酉	1621	丁卯	1627 八
思宗朱由检	天启※	丁卯	1627 八	丁卯	1627 十二
	崇祯	戊辰	1628	甲申	1644 三

附：南明诸帝

福王朱由崧	弘光	甲申	1644 五	乙酉	1645 五
唐王朱聿键	隆武	乙酉	1645 闰六	丙戌	1646 八
唐王朱聿𨮁	绍武	丙戌	1646 十一	丙戌	1646 十一
桂王朱由榔	永历	丁亥	1647	辛丑	1661 十二

二十六、清世系

姓名	世系	庙号与谥号	陵寝	生卒年		
				生年	卒年	享年
爱新觉罗努尔哈赤(以下仅列其名,不列姓氏"爱新觉罗")	满族(女真族)人,姓爱新觉罗。父塔克世,母喜塔拉氏。先世出自建州女真斡朵里部	太祖承天广运圣德神功肇纪立极仁孝睿武端毅钦安弘文定业高皇帝	福陵	1559	1626	六八
皇太极	努尔哈赤第八子,母皇后叶赫那拉氏	太宗应天兴国弘德彰武宽温仁圣睿孝敬敏昭定隆道显功文皇帝	昭陵	1592	1643	五二
福临	皇太极第九子,母皇后博尔济吉特氏(蒙古科尔沁部人)	世祖体天隆运定统建极英睿钦文显武大德弘功圣仁纯孝章皇帝	孝陵	1638	1661	二四
玄烨	福临第三子,母皇后佟佳氏	圣祖合天弘运文武睿哲恭俭宽裕孝敬诚信功德大成仁皇帝	景陵	1654	1722	六九

（1636—1911 年）

在位时间			即位年龄	所用年号	备　　注
起始年	终止年	年限			
1616	1626	一一	五八	天命	明万历十六年努儿哈赤统一女真建州各部。后又合并女真诸部。万历四十三年建八旗制度，万历四十四年建国，国号金，都赫图阿拉。明天启元年迁都辽阳，天启五年（金天命十年）复迁都沈阳，称盛京
1626	1643	一八	三五	天命※、天聪、崇德	即位前封和硕贝勒，天命十一年（1626年）八月太祖卒，皇太极嗣位，天聪十年（1636 年）改后金为大清，称皇帝，改元崇德。增编“八旗蒙古”、“八旗汉军”
1643	1661	一九	六	崇德※、顺治	崇德八年（1643 年）九月，皇太极卒。其长子肃亲王豪格与其弟和硕睿亲王多尔衮争夺皇位，相持不下，故立福临以折中。顺治元年（1644 年）五月，败李自成，陷北京；十月，迁都于北京。福临即位后，以多尔衮为皇父摄政王。顺治七年，多尔衮死，帝始亲政
1661	1722	六二	八	顺治※、康熙	顺治十八年（1661 年）正月福临死，玄烨嗣位，年幼冲，由索尼、遏必隆、苏克萨哈、鳌拜四大臣辅政，康熙六年帝年十四，亲政

姓　名	世　系	庙号与谥号	陵寝	生卒年		
				生年	卒年	享年
胤禛	圣祖玄烨第四子，母皇后乌雅氏	世宗敬天昌运建中表正文武英明宽仁信毅睿圣大孝至诚宪皇帝	泰陵	1678	1735	五八
弘历	世宗胤禛第四子，母皇后钮祜禄氏	高宗法天隆运至诚先觉体元立极敷文奋武钦明孝慈神圣纯皇帝	裕陵	1711	1799	八九
颙琰	高宗弘历第十五子，母皇后魏佳氏	仁宗受天兴运敷化绥猷崇文经武孝恭勤俭端敏英哲睿皇帝	昌陵	1760	1820	六一
旻宁	仁宗颙琰次子，母皇后喜塔腊氏	宣宗效天符运立中体正至文圣武智勇仁慈俭勤孝敏宽定成皇帝	慕陵	1782	1850	六九
奕詝	宣宗旻宁第四子，母皇后钮祜禄氏	文宗协天翊运执中垂谟懋德振武圣孝渊恭端仁宽敏显皇帝	定陵	1831	1861	三一

（续）

在位时间			即位年龄	所用年号	备　注
起始年	终止年	年限			
1722	1735	一四	四五	康熙※、雍正	即位前封贝勒，进封雍亲王。康熙末年，诸王争夺皇位继承权。胤禛靠舅舅科隆多之权势与年羹尧之兵力，在争权中得势，受圣祖遗诏即帝位
1735	1796	六一	二五	雍正※、乾隆	即位前，封和硕宝亲王。雍正十三年八月世宗卒，嗣位。嘉庆元年（1796年）元旦，禅位于皇太子颙琰，自称太上皇，四年后卒
1796	1820	二五	三七	嘉庆	初封嘉亲王，乾隆六十年（1795年）九月被立为皇太子，次年元旦受高宗禅让即皇帝位。后病死于避暑山庄行宫
1820	1850	三一	三九	嘉庆※、道光	初封智亲王，嘉庆二十五年七月仁宗病危，立为皇太子，仁宗卒，嗣位。道光三十年正月病死于圆明园
1850	1861	一二	二〇	道光※、咸丰	道光三十年被立为皇太子，同年正月宣宗病死，乃即位。咸丰十一年（1861年）七月病死于热河避暑山庄行宫

姓　名	世　系	庙号与谥号	陵寝	生卒年		
				生年	卒年	享年
载淳	文宗奕詝长子，母西太后那拉氏（即慈禧太后）	穆宗继天开运受中居正保大定功圣智诚孝信敏恭宽毅皇帝	惠陵	1856	1875	一九
载湉	文宗嗣子，穆宗从弟。父醇贤亲王奕譞（文宗弟），母叶赫那拉氏（慈禧太后之妹）	德宗同天崇运大中至正经文纬武仁孝睿智端俭宽勤景皇帝	崇陵	1871	1908	三八
溥仪	宣宗曾孙，醇贤亲王奕譞之孙，德宗侄，父摄政王载丰，母苏完瓜尔佳氏			1906	1967	六二

〔清自太祖努尔哈赤建后金（1616年）至宣统帝退位，共至宣统退位（1911年），共传十一帝，历二百七十六年；自入关

（续）

在位时间			即位年龄	所用年号	备　注
起始年	终止年	年限			
1861	1875	一四	六	咸丰※ 祺祥、同治	咸丰十一年（1861年）被立为皇太子，同年七月文宗病死，乃即位。即位初，遵遗诏由肃顺、载垣、端华等八大臣辅政。太后慈禧与恭亲王奕䜣发动政变，将八大臣处死、革职、遣戍，由两宫皇太后（慈安、慈禧）垂帘听政
1875	1908	三四	五	光绪	穆宗病死，慈安、慈禧两太后降懿旨，以醇亲王之子载湉为文宗奕詝嗣子，入宫即帝位。光绪十三年亲政。光绪二十四年六月十一日宣布变法，九月廿一日被慈禧幽禁于中南海瀛台。后由慈禧重新"训政"
1908	1911	四	三	光绪※、宣统	光绪三十四年十月二十一日德宗死（次日慈禧太后死），无子，以其侄溥仪嗣位。1911年辛亥革命爆发，溥仪退位，清亡

传十二帝，历二百九十六年；自皇太极改国号为清（1636年）定都北京至清亡，传十帝，历二百六十八年〕

附：清朝诸帝所用年号起讫时间表

帝王	年号	起始时间		终止时间	
		干支	公元	干支	公元
太祖努尔哈赤	天命	丙辰	1616	丙寅	1626八
太宗皇太极	天命※	丙寅	1626九	丙寅	1626十二
	天聪	丁卯	1627	丙子	1636三
	崇德	丙子	1636四	癸未	1643八
世祖福临	崇德※	癸未	1643八	癸未	1643十二
	顺治	甲申	1644	辛丑	1661一
圣祖玄烨	顺治※	辛丑	1661一	辛丑	1661十二
	康熙	壬寅	1662	壬寅	1722十一
世宗胤禛	康熙※	壬寅	1722十一	壬寅	1722十二
	雍正	癸卯	1723	乙卯	1735八
高宗弘历	雍正※	乙卯	1735八	乙卯	1735十二
	乾隆	丙辰	1736	乙卯	1795
仁宗颙琰	嘉庆	丙辰	1796	庚辰	1820八
宣宗旻宁	嘉庆※	庚辰	1820八	庚辰	1820十二
	道光	辛巳	1821	庚戌	1850一
文宗奕詝	道光※	庚戌	1850一	庚戌	1850十二
	咸丰	辛亥	1851	辛酉	1861七
穆宗载淳	祺祥	辛酉	1861七	辛酉	1861
	同治	壬戌	1862	甲戌	1874
德宗载湉	光绪	乙亥	1875一	戊申	1908十
溥仪	宣统	己酉	1909	辛亥	1911

附：中国古代帝王的庙号、谥号、尊号和年号

一、庙号

中国古代帝王死后，其后世子孙和公卿大臣要为他追立两个正式称号：一是庙号，一是谥号。谥号用以评价帝王一生的德行、功业，一般都是褒扬赞颂的。庙号则是与宗法祭祀制度联系在一起的。帝王死后，其后世子孙要根据他在皇族宗亲中的世系，将他的神主（俗称牌位、灵牌）奉入宗庙，供后世膜拜、祭祀，并追尊他为某祖或某宗，以确认和显扬他在皇族宗亲中的地位。他被后嗣子孙所追尊的某祖、某宗，就是他的庙号。

为了对庙号有更确切、更深刻的理解，需要先讲清宗庙和祖先祭祀。

祖先祭祀是在人类社会进入父家长制氏族公社以后出现的一种宗教性质的活动，它是祖先崇拜的产物。到了奴隶制社会的夏商周时期，祖先崇拜的表现形式，已经形成了隆重的、完备的祭祖制度。通过祭祖活动，又反过来不断强化祖先崇拜的意识。这些，又成为维护宗族共同体生存与发展的精神支柱，成为加强宗族共同体成员团结的最有力的凝聚剂。宗庙之设和祭祖制度，对维护以家族为核心的宗法制度和巩固贵族大家族对国家的世袭统治，都起到了极其重大的作用。因此，从夏商周

三代直到明清的历代统治者，出于维护其“家天下”的目的，都把体现其宗法世袭统治的宗庙制度视为命根子而抓住不放，使这一制度延续了三四千年之久。中国自古以来，都是将宗庙与社稷（土地神称为社，五谷神称为稷）并列，成为王室和国家的代称。每当王朝更替、“与民更始”，“临御天下”的新王朝总是要首先毁弃被推翻的旧王朝的宗庙，以显示旧王朝的灭亡。西汉贾谊在其名篇《过秦论》中说：“一夫作难，而七庙隳”，就是以宗庙的毁灭来表示秦王朝的灭亡的。新王朝在毁掉旧王朝的宗庙和社稷坛的同时，一定要建立本朝的宗庙和社稷坛。宗庙和社稷坛的建置，通常要按照“左宗右社”的规矩，建构在皇宫的前面。今北京故宫前居于左方的劳动人民文化宫，就原是明清时期的宗庙；居于右方的中山公园，则是明清时期的社稷坛。

宗庙是我国古代的天子、诸侯、卿大夫和秦汉以后的帝王祭祀其祖宗的场所。宗庙和宗庙祭祀，都是有严格的制度规定的。周朝以前，天子的宗庙定制为“五庙”，清代学者焦循在其《群经宫室图》中说：“盖五庙之制，自虞（舜）至周，自天子至附庸皆同。”周朝的宗庙制度演变为“天子七庙，诸侯五庙，大夫三庙，士一庙。庶人无庙，祭于寝。”（《礼记·王制》）所谓“五庙”，即父庙、祖庙、曾祖庙、高祖庙（以上四庙合称“四亲庙”），另加太祖庙，又称太庙，奉祀的是开国君主、始封之君。由于在我国古代，先辈在生前被称为“父”，死后却被称为“考”（《礼记·曲礼》“生曰父，死曰考”），故五庙在古代多被称为考庙、王考庙、皇考庙、显考庙、太庙。

太庙（太祖庙）奉祀的是开国君主、始封之君，为王室宗族历代成员的共同始祖，自然要受到本朝历代帝王和宗室成员的膜拜、祭祀。“四亲庙”奉祀的是与在位之君血缘亲属关系最近的四代先君。太祖（始祖）以下、四亲以上的各代祖先的神主（灵位），要陪祀于太庙之中，不再各立神庙。这就是“天子五庙”之制。

周朝以前是实行“天子五庙”制度的，到了西周中期以后，随着世系的延续、增衍，周文王、周武王就不再属于“四亲”之祖了，按照“天子五庙”之制，自然也就不能再单独立庙祭祀了，其神主只能迁于太庙（周朝的太庙祭祀的是太王王季）之中陪祀。然而，鉴于周文王、武王为周人建立了煌煌功业，理应单独立庙奉祀，所以周人又为此规定：“有德之王，则为祖宗，其庙不可毁。”（《古文尚书》孔安国传）于是，周人又在太庙之下、四亲庙之上增设了文、武二“世室庙”，以奉祀周文王、周武王，并将文王、武王以下、四亲庙以上的诸位先祖的神主藏于二世室庙中陪祀，这便形成了“天子七庙”制度。秦汉以来的历代王朝的皇帝，都相当于周朝的天子，所以也都沿袭“天子七庙”之制，在本朝的宗庙中立七庙以祭祀本朝的列祖列宗。

七庙的排列、布局，也有着严格的规定：始祖庙（太庙）以下，逐代递相排列为昭、穆二辈，昭辈庙居左，穆辈庙居右（这叫作“左昭右穆”）。太庙居中，位于庙室群落的最北面，其前面怀抱之中，则是左为三昭庙，右为三穆庙，兹图示如下：

天子七庙示意图

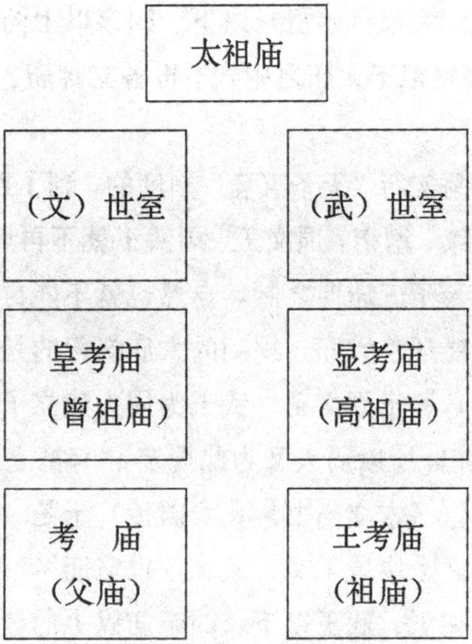

在宗庙里被祭祀的祖先都立有各自的“神主”，就是在木制的牌位上写上帝王的庙号和谥号。例如唐朝皇帝李渊的神主应写为“高祖大武皇帝”，“高祖”是庙号，“大武”是谥号（至唐玄宗时，又追尊李渊为“神尧大圣大光孝皇帝”）；李世民的神主应写为“太宗文皇帝”，“太宗”是庙号，“文”是谥号（至唐玄宗时，又追尊李世民为“文武大圣大广孝皇帝”）。

每个王朝，开国帝王的庙号皆以“祖”为称，有的称“高祖”，如汉高祖（刘邦）、唐高祖（李渊）、晋（后晋）高祖（石敬瑭）；有的称“太祖”，如宋太祖（赵匡胤）、明太祖（朱元璋）、清太祖（努尔哈赤）；还有称“世祖”的等等。称为“祖”，即表示他是本朝列代帝王之祖。开国帝王之后，承袭君位的列代皇帝，庙号皆称为“宗”。如唐高祖李渊之后，先后相继嗣位的皇帝，其庙号即称为“太宗”（李世民）、“高宗”（李治）、“中宗”（李显）、“睿宗”（李旦）、“玄宗”（李隆基）、“肃宗”（李亨）等等；宋太祖赵匡胤之后，先后相继嗣位的皇帝，其庙号也是称为“太宗”、“仁宗”、“英宗”、“神宗”、“哲宗”等等。还有一种特殊情况，即同一个朝代，竟有两个甚至三个皇帝庙号称“祖”，这是有其特殊原因的。例如元朝的先君铁木真（即成吉思汗）称“太祖”，这是因为他创建了蒙古帝国；他的后世孙忽必烈则称“世祖”，这是因为他灭金、灭宋，统一全国，创建了元朝。再如明朝朱元璋因开基创业、建立明朝而称“太祖”，而其子朱棣又称“成祖”，那是因为他“靖难”平逆，“再造”了明朝。又如满清先祖努尔哈赤，因统一女真诸部、建立后金政权而称“太祖”；其孙福临则因“入关定鼎”而称“世祖”；后嗣玄烨（康熙）又称“圣祖”，那是因为他削平三藩之乱，“寰宇一统，虽曰守成，实同开创”。

帝王的庙号，都是在帝王死后由其子孙将其神主奉入宗庙时追尊的，而不是在生前就预立的。这一种做法始于商代，如殷王太甲被后嗣尊为太宗，太戊被尊为中宗，武丁被尊为高宗等。殷商之后，历代沿袭，直至清朝灭亡。

二、谥号

谥号也是死后的称号，但它与庙号不同，它是在人死之后，其子孙和后人依据他的生前德行和事迹，给予的一种寓有褒贬之义的称号。立谥的宗旨在于“惩恶劝善”。谥号并非帝王所专有，先秦的诸侯、卿大夫，后世的高官显宦、名儒学者，死后都有资格得到谥号。

立谥制度的产生，传统的说法是西周初期，这就是战国与秦汉之际形成的“周公制谥”说。此说最早出现于先秦古籍

《逸周书》中的《谥法解》，该篇写道："维周公旦、太公望开嗣王业，建功于牧之野，终将葬，乃制谥，遂叙谥法。"此说为秦汉之后的历代人所袭用，几成公论。但近人王国维却推翻此说，他考释金文，发现周成王、周穆王生前就被称为"成王"、"穆王"的史料多例，据此断定，立谥制度当始于周恭王、周懿王之后。恭王、懿王是西周第六代和第七代君主，恰值西周中期。此说已基本上为史学界所接受。

立谥制度形成于西周中期，此后周王室和各诸侯国皆普遍实行。到了秦始皇统一六国、称帝以后，他下令废除谥法，不立谥号。到西汉灭秦之后，又重新恢复谥号、谥法，此后直至清朝灭亡，历朝历代皆行之不辍。

立谥的对象在西周和春秋战国时期有周天子、各国诸侯、卿大夫以及他们的王后、夫人。汉朝则规定除帝王、后妃外，生前被封为列侯者，死后才可由朝廷赐谥。唐朝又规定三品以上的职事官，死后才有得谥资格。这一规定为以后历代王朝所沿袭，直至清末。

皇帝的谥号由礼官议定，在嗣位皇帝的参加下，由朝廷最尊大臣在圜丘祭天仪式上称天给谥。官员的谥号，由朝廷赐与。官员死后，由其子孙或佐僚整理出反映死者一生事迹的"行状"，提出赐谥的请求，皇帝同意后，即由礼官拟出谥号，报经皇帝批准，再派专员参加丧礼，宣读朝廷的诔策（祭文、悼词），公布谥号。这就是立谥、赐谥的过程。

谥号是根据死者生前的行迹，由后人予以评价、褒贬而追认的称号，故有褒扬与贬抑之分，大体分三类，即：美、平、恶。美谥是褒的，恶谥是贬的，平谥是怜的。属于美谥的如文、武、昭、景、明、穆、桓、贞、惠、孝、纯等等；属于恶谥的如暴、昏、炀、厉等等；属于平谥的如怀、悼、哀、闵、殇等等。孟子曾说过：“（国君）暴其民甚，则身死国亡；不甚，则身危国削。名之曰幽、厉，虽孝子慈孙，百世不能改也。”（《孟子·离娄上》）他断定“幽”、“厉”这类谥号，都是加给暴君虐主的恶谥。一些冲龄即位、不幸夭折的帝王，后人常常给予殇、哀、悼之类的谥号，以表示对死者的同情和哀怜。对于每一个具体谥号的涵义，《逸周书·谥法解》都作了明确规定，如：“经天纬地曰文，道德博厚曰文，勤学好问曰文，慈惠爱民曰文，愍民惠礼曰文，锡（赐）民爵位曰文”，“清白守节曰贞，大虑不克曰贞，不隐无屈曰贞”，“威强睿德曰武……”，“好内远礼曰炀”，“恭仁短折曰哀”，“在国遭忧曰愍”等等。《逸周书》中的《谥法解》成书于战国时期，其后的历代王朝对各种谥号的涵义，又往往作一些补充，如谥号“贞”，其涵义在《谥法解》中原有三条，至唐朝，又增添了三条，即：“图国忘死曰贞，内外无怀曰贞，直道不挠曰贞。”对各种谥号的涵义都作出明确规定，目的只有一个，即：把人们的行为统统纳入封建道德的规范，使人们的一言一行不敢越“礼”一步。

人们为死者立谥，就是将死者的生前行迹，与《谥法解》之类书籍中所确定的谥号的涵义相对照，采取“对号入座”的原则，从中找到一个最准确的谥号。其实，这不过是一个笼统的、貌似公正的原则，一旦实践起来，就决不是公正无私的了。试想，有哪一位嗣位的新君肯给他故世的老子加一个恶谥？实际上，帝王的谥号，几乎全部是美谥，只有少数亡国之君，由取而代之的异姓帝王作主，才给他立一个恶谥。如被绞死的亡国之君杨广，就得了一个“炀帝”的恶谥。鉴于上述情况，到了北宋时，朝廷就作了明文规定：对死者只立美谥、平谥，不再议立恶谥。

谥号的字数，通常多用一个字，如周文王、周武王、周桓王、齐桓公、晋文公、周穆王、秦穆公、周庄王、郑庄公等等，也有两个字、三个字的，如周威烈王、赵孝成王、楚考烈王、赵惠文王；贞惠文子，谥号则是三个字。从西汉惠帝以后，皇帝的谥号中例加一个“孝”字，作为谥号中一个必有的部分，如孝文帝、孝景帝、孝武帝等等。汉以后各朝，也普遍如此。这是由于封建统治者提倡治国立家“以孝为本”的缘故。从唐朝武则天以后，实行对皇帝“上尊号”制度，还实行对已故皇帝追加尊号的制度，结果使谥号越拉越长，最长的竟多至二十几个字，如清太祖努尔哈赤的谥号“承天广运圣德神功肇纪立极仁孝睿武端毅钦安弘文定业高皇帝”，竟多至二十五个字（“皇帝”二字非谥号）。连坏事作绝的慈禧太后，死后也得到了长达十九个字的美谥：“孝钦慈禧端佑康颐昭预庄诚寿恭仁献崇熙显皇后”。

三、尊号

自从秦始皇首立“皇帝”名号以来，这一称号就一直是最高统治者公行的、尊贵的称号。每当一个王朝的开国君主“正位建号”或其后裔承袭君位时，都要举行隆重的“上尊号”仪式，以表示名正言顺地当上了皇帝。如西汉初年，大臣们向刘邦劝进称帝，说：“大王功德之著，于后世不宣。昧死再拜上皇帝尊号。”（《汉书·高帝纪》）所以，正式称“皇帝”，这就是尊号。另外，皇帝也要给自己的父母、祖母尊奉正式的称号：“太上皇”、“皇太后”、“太皇太后”，这些也是尊号。

到了唐朝，从武则天开始，尊号又有了新的含义：在“皇帝”这一称号前面再加美称。垂拱四年（公元688年），为配合武则天称帝，其侄武承嗣伪造瑞石，上有文曰：“圣母临人，永昌帝业。”武则天据此加尊号，称“圣母神皇”（《旧唐书·则天皇后纪》）。此后，她又一而再、再而三地在“皇帝”二字前增加美称。她称大周皇帝后，“加尊号曰圣神皇帝”，三年后又加“金轮圣神皇帝”，次年又在“金轮”前加“越古”二字，成为“越古金轮圣神皇帝”。所以在唐朝以后，帝王的所谓“尊号”，就成了在“皇帝”称号前面所加的歌功颂德、神化皇权的美称。

尊号一般是在皇帝、后妃生前就由臣下奉上的，如唐玄宗开元二十七年，群下上尊号“开元圣文神武皇帝”；也有死后追尊的，例如唐玄宗天宝十三载，为高祖李渊上尊号为“神尧大圣大光孝皇帝”，为太宗上尊号为“文武大圣大广孝皇帝”，为高宗上尊号为“天皇大圣大弘孝皇帝”。对于同一个皇帝，尊号可以一上再上，越拉越长。例如：唐高祖李渊死后，立谥号为“大武”；至唐高宗时，改上尊号为“神尧”；到唐玄宗时，又上尊号为“神尧大圣大光孝（皇帝）”。尊号总是越拉越长，唐宣宗的尊号已长达十八个字，宋神宗的尊号又长达二十个字，清太祖的谥号又创纪录，长达二十五个字。

帝王死后追上的尊号，实际上也就成了这个帝王的谥号，尊号和谥号已无法区分。如《旧唐书·玄宗纪》：“（天宝十三载二月甲戌）上高祖谥曰神尧大圣大光孝皇帝，太宗谥曰太宗文武大圣大广孝皇帝，高宗谥曰……”纪中把上尊号径称为“谥曰”，可见谥号、尊号已无须区分。由于尊号（谥号）越拉越长，不便称呼，所以后人对唐宋至明清的皇帝，就很少再称其谥号，而多是只称其庙号了。唐朝以前的皇帝，谥号多为一二字，简明易称，所以人们又习惯于称呼他们的谥号，倒是少有称呼其庙号者。

四、年号

年号是我国封建帝王所立的用以纪年的名号，例如，唐太宗在位期间，以“贞观”作为其年号，唐玄宗在位时，则以“开元”、“天宝”作为其年号。

我国历史有确切的年代记载，始于西周共和元年（相当于公元前841年）。在此之前，文献中只有季节、月份和日期的记载，而不见纪年。共和行政之后，则以某王、某公在位的年代顺序来纪年，如周平王元年、二年、三年……鲁隐公元年、二年、三年……某王某公在位多少年，纪年就截止到那一年。此后新君即位，再从这位新君的元年纪起。每一位王公在位期间，既不改元，又不立年号，总是一元到底。由于我国在西周和春秋战国时期，周王室和众多诸侯国并存，因而纪年也不统一，各以本国国君在位的时间顺序纪年。

纪年时，开始实行“改元”之制的君主是汉文帝。汉文帝在位时间共二十三年，前十六年称为前元元年、二年……十六年，后七年称为后元元年、二年……七年。汉景帝在位时间共十六年，纪年则有前元、中元、后元之分。但是，这只是纪年方面的改元而已，并不是年号。

首创年号、使用年号纪年的君主，是汉武帝刘彻。公元前140年，汉武帝即位，纪年改称建元元年，次年称建元二年。于是，“建元”就成了中国有史以来的第一个年号。汉武帝在位五十四年，共计使用了十一个年号，大体上是每隔五六年或四五年，便改用一个年号，称为“改元”。汉武帝以后直至清朝灭亡，中国历代帝王皆用年号纪年，年号一个接续一个，从未间断。不管是正统王朝，还是偏安王朝、“僭窃”的君主、少数民族政权、农民起义政权，只要一立国号，便要改元，确定年号。国号是政权的名称，年号则是时代的标志。任何一位新君即位，也都毫无例外地改元，建立自己的新年号。

改换年号叫作“改元”。有的帝王，在位期间只使用一个年号，中间不再改元，如唐高祖李渊，在位九年，只使用“武德”一个年号；唐太宗李世民在位二十三年，也只使用“贞观”一个年号。明、清两代的帝王，一律是一帝一年号，从不改元。但是，历史上的大多数皇帝在位期间却往往多次改元，更换几个甚至十几个年号，例如汉武帝在位五十四年，使用了十一个年号；唐高宗在位三十四年，使用了十四个年号；武则天从称帝到逊位，其间共十五年，竟然使用了十八个年号，大体是一年一改元。一个帝王究竟可以使用多少年号和几年一改元，并无定制，它具有毫无限制的随意性。还有这种情况：几代皇帝延续使用同一个年号，如后周从太祖开始使用“显德”这一年号，到周世宗和周恭帝，也都是使用“显德”年号。

到了明、清两代，改元就有了明确的规范性，不再由帝王随意为之了。朱元璋称帝后，立年号“洪武”，终其位而不再改元，并明令其子孙，在位期间只能使用一个年号，不得改元。清朝定鼎后，沿袭明制。因此，明清两代，一位皇帝一个年号，成为定制。只有一例特殊：明英宗于正统十四年（1449年）被蒙古族瓦剌部生俘于土木堡，明室立郕王朱祁钰为帝，是为代宗，改元景泰。后英宗被瓦剌放归，于景泰八年复位，改年号为“天顺”。所以，英宗就有了“正统”、“天顺”两个年号。这是明、清两代的唯一例外。由于明、清两代，皇帝都是一帝一年号，所以后人对明、清两代的皇帝，多习惯于以年号为其称谓，如称明太祖朱元璋为洪武帝，称明成祖朱棣为永乐帝，称明思宗朱由检为崇祯帝，称清圣祖玄烨为康熙帝，称清世宗胤禛为雍正帝，称清德宗载湉为光绪帝。

年号的用字，以二字年号居多，也有少数三字、四字者，如王莽用的“始建国”，武则天用的“万岁通天”，宋太宗用的“太平兴国”等等。最长的是六个字，如西夏景宗的“天授礼法延祚”，惠宗的“天赐礼盛国庆”。

中国封建社会延续了两千余年，究竟出现过多少个帝王年号，前人曾有统计。梁启超《新史学·论纪年》说：“以齐氏《纪元编》所载年号，合正统僭伪计之，不下千余，即专以史家所谓正统者论，计自汉孝武建元以迄今光绪，二千年间，而为年号者（指立年号之帝王）三百十有六。”（《饮冰室合集·饮冰室文集之九》）上海人民出版社编印的《中国历史纪年表》（1976 年 1 月第一版），收有历代主要年号也达五六百个，如把重复的计算在内，那就更多。

由改元造成一年内有两个（甚至三个）年号时，史籍纪年时如何处理呢？宋代以前，一般是据实而书：前几个月写旧年号，改元后的几个月则另写新年号。到北宋司马光修《资治通鉴》时，他认为这样写不便于掌握，就干脆一律只写后一个年号。这样写虽然简易，但却与实际情况有了出入，毛病不小。

中国古代是使用帝王年号来纪年的，国际上通用的纪年法却是公元纪年（即圣诞纪年、耶稣降生纪年）。欲知中国某帝某年号某某年相当于公元某某年，这需要考证和推算。在这方面，专家们已做了大量工作，编写了多种专著，如上海人民出版社编印的《中国历史纪年表》（1976 年 1 月第一版）、文物出版社编印的《中国历史年代简表》(1973 年 12 月第一版)、万国鼎编撰、由中华书局出版的《中国历史纪年表》(1978 年 11 月第一版）等等，都是以中国古代帝王年号纪年、干支纪年与公元纪年相互对照排印的，便于查寻，一目了然。本书在编写过程中，就是以上述这些纪年表作为必备参考资料的。

本书在每一个朝代的帝王世系表之后，都附有该朝诸帝所用年号的起迄时间表，以帝王年号纪年与干支纪年、公元纪年相对照，便于查考，可作年表使用。其使用方法，在本书“凡例”中已有说明，此文不再赘述。

图书在版编目(CIP)数据

中国历代帝王世系年表／杜建民编著. —济南：齐鲁书社，2007.1（2025.10 重印）

ISBN 978-7-5333-0422-5

Ⅰ. 中…　Ⅱ. 杜…　Ⅲ. 帝王—世系—中国—古代—年表　Ⅳ. K820.9

中国版本图书馆 CIP 数据核字(2006)第 139569 号

中国历代帝王世系年表

杜建民 编著

主管单位　山东出版传媒股份有限公司
出版发行　齊鲁書社
社　　址　济南市市中区舜耕路 517 号
邮　　编　250003
网　　址　www.qlss.cn
电子邮箱　qilupress@126.com
营销中心　(0531)82098521　82098519　82098517
印　　刷　山东新华印务有限公司
开　　本　850mm×1168mm　1/32
印　　张　7.25
字　　数　156 千
版　　次　1995 年 2 月第 1 版
印　　次　2025 年 10 月第 16 次印刷
标准书号　ISBN 978-7-5333-0422-5
定　　价　**20.00 元**